外卖
超级运营术

饿了么 著

人民东方出版传媒
東方出版社

图书在版编目（CIP）数据

外卖超级运营术 / 饿了么著. — 北京 : 东方出版社, 2019.8
ISBN 978-7-5207-1084-8

Ⅰ. ①外… Ⅱ. ①饿… Ⅲ. ①饮食业—经营管理Ⅳ. ①F719.3

中国版本图书馆CIP数据核字(2019)第135577号

外卖超级运营术
(WAIMAI CHAOJI YUNYING SHU)

作　　者：饿了么
总 策 划：周洁琼　郑亚如　易涵辰
责任编辑：鲁艳芳　辛岐波
出　　版：东方出版社
发　　行：人民东方出版传媒有限公司
地　　址：北京市朝阳区西坝河北里51号
邮　　编：100028
印　　刷：北京楠萍印刷有限公司
版　　次：2019 年 8 月第 1 版
印　　次：2019 年 8 月北京第 1次印刷
开　　本：710 毫米 ×1000 毫米　1/16
印　　张：17.5
字　　数：260千字
书　　号：ISBN 978-7-5207-1084-8
定　　价：59.80 元
发行电话：(010) 85924663　85924644　85924641

推荐序
新外卖时代，数字化升级决胜未来

对于当下追求高效生活方式的年轻人群体来说，外卖已经成为了他们的一种生活方式。无论是一顿饭，还是一杯咖啡，甚至送药上门、跑腿代购等服务都可以在饿了么平台享受到。所以，当我们谈论外卖时，早已不再局限于强调它做大餐饮市场的作用了，它将承担更大的使命——重新定义城市生活，让生活更美好、更便利。

“3公里范围内30分钟送达”催生出了线上、线下融合的商业形态，并深刻影响着我们的城市、社区内居民的生活。从街边小店到国际知名品牌，无不积极拥抱“外卖”，并借此完成本地生活服务数字化升级。

对于餐饮大牌而言，外卖给它们提供了前所未有的发展机会。星巴克、肯德基、汉堡王等国际餐饮大牌纷纷献出“第一次”，不约而同地上线饿了么专属定制产品及定制服务。2018年天猫“双11”期间，麦当劳在饿了么创下单日整体销售额破千万元的成绩，增幅达到餐饮大品牌平均值的3倍。饿了么与星巴克合作的“专星送”上线3个月覆盖超2000家门店，这些数字化建设经验也将被推广到全球。

除却著名餐饮品牌之外，外卖同样在加速赋能城市商业末梢的小商户。成都一位名牌大学毕业生做起“菜二代”，把母亲经营了20多年的菜摊搬上互联网。一个6平方米左右的小摊，仅外卖生意年营业额就高达近200万元。而在他之前，当地摊贩们根本没想过竟还可以通过饿了么卖菜。

对于广大商户来说，外卖不仅能够提升坪效、拓展新客群，更重要的是，它能够将经营数据在线化，让传统线下商户也有了“大数据”秘密武器，以此来指导选品、备货，展开更加精准的营销活动，从而使得整个商业的数字化覆盖率更高。

因此，我们毫无保留地相信：本地生活服务行业的数字化升级，就是我们能为这个社会带来的最大贡献。我们毫无保留地相信：这就是我们的使命。

数字化升级已经为实物零售和数字娱乐带来了根本性的改变，既然如此，数字化升级为什么不能给本地生活服务行业带来同样的变革呢？这本书将手把手地教你从0到1运营一家外卖店，在外卖从流量红利时代进入到数字化红利时代的当口，外卖的运营不再局限于“求引流、烧补贴、搞促销”，数字化升级为我们带来了更加“精准”的外卖运营方式。

随着饿了么融入阿里生态，平台数据的信息匹配效率得到了大幅度提高。用户画像愈发精细，使用场景愈发精确。一旦积累足够大的数据量，在此基础上进行产品和服务迭代升级，满足用户个性化需求，就会成为外卖制胜的法宝。

根据国家信息中心发布的报告显示，2015—2018年，我国在线外卖收入占餐饮收入的比重从1.4%提高到了10.6%，在线外卖收入年均增速约为117.5%。本地生活市场存在巨大商机，你在未来居于怎样的位置，很大程度上取决于当下的选择。

作为刚刚步入高速发展阶段的餐饮消费新形式，关于外卖的一切才刚刚开始。我们在“重新定义城市生活”上还有很长的路要走，我们还在不停地迭代升级，为商家赋能永远没有最好，必须持续更好。

我们也同样期待，大家在数字经济时代留下自己精彩绝伦的故事，我们一起学习，一起进步，一起创造我们自己的变革。

——阿里巴巴集团合伙人、阿里本地生活服务公司总裁

序　言

根据智研咨询集团发布的《2019—2025年中国外卖行业发展现状分析及市场前景预测报告》中的数据显示，2018年，外卖餐饮消费总额在到家O2O消费中占据了近九成的比例。这也就意味着，外卖已经成为人们生活当中重要的网络消费途径。也正是因为如此，越来越多的创业者开始进军外卖行业，同时，也有越来越多的传统餐饮企业开始向外卖市场拓展。

时势造英雄，但机遇不可能一直存在。随着外卖规模的不断扩大，外卖行业中的竞争也愈演愈烈。就现阶段而言，选择成为外卖行业一员的商家，市场红利期的加成与增幅作用已经越来越有限，接下来比拼的将是店铺与店铺之间运营水平的差异。

而这本《外卖超级运营术》写作的目的就是讲解外卖运营中的知识点和方法论，帮助外卖商家提高自己的运营水平，在日渐激烈的外卖市场竞争中赢得一席之地。虽然，很多外卖店铺的成功，都借助了时代的东风，但关键因素还是商家自身出类拔萃的运营能力和高瞻远瞩的远见卓识。

谈及外卖运营，饿了么作为平台方在外卖这个行业里钻研多年，是众多饿了么平台商家坚实的后盾，本次饿了么平台访谈众多外卖商家，并且实地考察，编写了《外卖超级运营术》，分享外卖运营中的经验。

在这本书中，我们将外卖的运营划分为七个重要的部分：开店、曝光、进店、下单、复购、数据和运营。内容围绕外卖运营中的相关环节展开，尽可能全面地进行梳理和分析。比如：

如何合理利用平台的曝光渠道提高店铺自身的流量水平。

如何通过打造优质的店铺装修以及运用各种营销活动实现顾客进店率的提升。

如何提升店铺产品的质量以及产品相关细节的水平，从而增加顾客下单与复购的概率。

如何通过分析饿了么平台提供的店铺运营数据，制定合理有效的发展战略。

同时，本着知行合一的原则，在每一个章节中，都包含理论知识和实践方法，以及大量实际案例进行佐证，以期让商家们可以准确理解，有效应用。

对于外卖商家来说，无论是刚刚入行的新手老板，还是亟待提升的资深运营者，想要在相对陌生且不断变化的行业中站稳脚跟，以这本《外卖超级运营术》作为工具书，都是一个非常不错的选择，让本书指导并辅助自己的店铺运营。

作为新兴的餐饮消费形态，在一个重视饮食的市场环境下，外卖的发展尚有巨大的潜力。虽然市场总量有限，并且先发制人的餐饮企业已经遥遥领先，但时机的差距我们可以通过运营的能力来弥补，只要商家肯用心、肯钻研，搭配合理的运营方式和营销手段，后来居上也只是时间问题。

从饿了么平台的角度出发，我们也希望这本《外卖超级运营术》可以有效地帮助到外卖商家提高运营能力，同时我们也盼望着能够有越来越多的优质店铺在平台上发光发热，和我们一道共建外卖餐饮的新时代。

推荐语

作为刚刚步入高速发展阶段的餐饮消费新形式，关于外卖的一切才刚刚开始。我们在“重新定义城市生活”上还有很长的路要走，我们还在不停地迭代升级，为商家赋能永远没有最好，必须持续更好。

——阿里巴巴集团合伙人、阿里本地生活服务公司总裁　王磊

外卖和外卖所催生的即时配送行业，不仅会成为老百姓的“第三种就餐方式”，也会成为新的购物方式、买菜方式、生活方式。在经历了五年的疯狂增长后，外卖行业会趋向于更丰富的营销手段，更精细化的运营，更开放的生态服务。这个阶段往往会是平台价值更精准、品牌和供给价值凸显、商品力爆发的阶段。如何抓住未来的机会，如何经营好外卖新渠道，如何在新的时代制胜，是餐饮行业从业者应该思考的问题。相信大家可以和饿了么一起奋斗探索，在实践中找到答案。

——饿了么首席运营官、创始合伙人　康嘉

随着互联网经济的高速发展，希望越来越多的餐饮企业能享受其带来红利。从之前粗放的流量运营升级到精细化的会员运营。让品牌的每一个动作行为都

有清晰的数据支撑，让每一位消费者感受到品牌带给他们个性化的服务和关怀。

——饿了么副总裁、KA& 品牌市场负责人　胡晓昱

门店体验的第三空间和数字化体验的第四空间对星巴克的顾客都很重要。在与饿了么合作推出星巴克“专星送”专属外送服务的过程中，我们提升了双方线上线下综合运营的能力，再次确认卓越运营的基础是对产品品质和体验的不懈追求。推荐大家从这本书起步，更好地理解外卖运营。

——星巴克中国数字创新总经理　刘文娟

百胜集团旗下肯德基、必胜客、小肥羊、东方既白、塔可贝尔、Coffii & Joy 品牌与饿了么成为长期的战略合作伙伴。我们不但“让生活更有滋味”，而且让美味更加便利。百胜和饿了么的合作不局限于外卖服务，更是以消费者为核心，以新场景应用为导向，利用双方强大的大数据能力和消费者洞察能力，在产品和服务上都不断地进行技术变革和模式创新，给消费者带来全新的外卖体验。对于如何令消费者在品尝美味之余获得耳目一新的感受，这本书不仅可以启发一些新思路，还能给餐饮同行提供更多的思考空间。

——百胜中国首席营销官　李波

在做外卖的过程中，我们发现消费者对外卖的体验有三个关注点，“品质、准时、惊喜”。汉堡王作为一个开放的、创意不断的企业，和饿了么这样的“玩咖”一起玩，才会“创意不断、精彩不断”。有缘的合作者，要想走得更远，在三观上必须高度契合。汉堡王与饿了么在精神、理念层面上就是这样高度契合。饿了么“激情、极致、创新”的品牌信仰与汉堡王“有种、

有料、有趣”的品牌秉性不谋而合。所以两个行业的“头号玩家”深度合作，激情拥抱在一起，创新的火花不断。这是互联网思维的延伸，惊喜就是不断追求创新，追求产品的极致体验。因为激烈的竞争，消费者对餐饮已经不满足于简单一个吃了，而且还希望有更好的体验，谁都喜欢占便宜，谁都喜欢把自己当回事，谁都喜欢不经意间有惊喜出现。所以我们要多思考，怎么利用饿了么平台优势，不断探索为消费者创造、制造惊喜的体验，包括餐具、菜品搭配、互动参与等等。这些年我们与饿了么在这条路上不断探索。

——汉堡王（中国）首席营销官　邓顺文

我们感知到用户对于外卖的依赖越来越大，外卖已经成为年轻人的生活方式。外卖发展到今天，用户开始进入理性选择阶段，外卖将进入品质时代。西贝以用户体验为根本，注重品质、注重质量、注重食材。随着用户的成熟，平台和商家都要进入精细化运营阶段。在这样的形势和背景下，饿了么的这本书给了大家很多的实战方法，非常值得期待！

——西贝集团副总裁　岳崇梅

中国外卖市场早已脱离野蛮生长，演变成全球最精细化的经营模式。如何管理全价值链的优化，带给消费者最好的体验，同时具备差异化的竞争优势，甚至在这外卖 3.0 的年代，运用大数据精准营销及智慧零售的方式继续提升，是每位餐饮经营者的必备技能。本书提供了专业的介绍及分析，是每位餐饮经营者的必读圣经之一，值得细读分享！

——CFB 集团首席执行官　许惟抡

快乐柠檬是新鲜、创新的外带茶饮品牌。在互联网高速发展的时代，快乐柠檬和饿了么合作之后，结合自身的品牌优势，不断创新，为顾客提供健康、快乐的产品及服务。未来快乐柠檬将和饿了么携手探索更新的消费模式，为消费者提供更好的消费体验。推荐这本书，让大家有更多的思考，在外卖时代，寻找机遇，把握时机，成为赢家。

——雅茗天地股份有限公司总裁　卢小慧

德克士的外卖业务经历了从 1.0 到 3.0 的迭代升级，1.0 时代主打优惠补贴，2.0 时代主推定制化产品和 IP 合作，如今 3.0 时代致力于加强大数据精准营销和顾客体验优化。这本书将助你在外卖 3.0 时代抢占先机。

——德克士首席运营官　崔凯军

高速发展的互联网经济，尤其是外卖行业的繁荣发展，给传统餐饮业态带来巨大改变。对于立志于“提供美味的食物，把用餐的快乐带给每个人”的亚洲餐饮巨头快乐蜂餐饮集团来说，在外卖市场的布局具有战略性意义。旗下中式快餐连锁品牌永和大王，在做外卖上具备天然优势，借助外卖平台，将堂食美食送进千家万户，实现随时随地让顾客放心享用。外卖时代意味着顾客更加多样化、个性化的需求，这对传统餐饮提出新的挑战，促使我们更加精准化运营，不断创新。比如，外卖定制产品和菜单，外卖单独营销活动，骑手关怀，社区服务半径扩大等，持续改进产品品质、外卖包装和门店服务流程，更好地满足顾客多场景、全时段的需求。

这本书中，收录了不少外卖运营新知识和业者心声。在外卖时代，传统餐饮如何转型，抓住机遇，实现双赢，尤其对餐饮从业者而言，值得细读。

——快乐蜂（中国）及永和大王总裁　张淑华

小杨生煎创建 25 年来，始终致力于用大大的生煎给消费者奉上小小的满足。在和饿了么的合作中，我们体察到更多消费者需求，发现了更多满足体验的机会。诚挚推荐本书，给有志于努力运营好外卖业务的餐饮同行。

——小杨生煎品牌创始人　杨利朋

外卖市场2.0精细化运营时代，流量红利渐行逝去，用户对品质健康外卖的需求迭代，促使行业呼唤赋能商家的优质外卖服务平台。饿了么长期致力于帮助真功夫通过数字化手段释放转型升级的压力，推动外卖行业的健康发展。诚荐本书，愿更多同行利用这套实战凝结的特色方法，把握趋势，深耕细作，赢战未来。

——真功夫集团副总裁 O2O 平台 CEO　杨鹏鹏

作为一个餐饮人，如何感受行业发展趋势的脉搏，敏锐察觉消费者的需求变化至关重要。特别是对于餐饮连锁企业做任何的模式调整和员工上下同频都是要付出巨大的成本和风险代价的。因此，如何让成千上万的员工具备统一的思维方式和技能至关重要，而外卖作为与消费者需求匹配的经营服务方式已不可或缺，这就需要让外卖的经营理念及技能，成为管理者到员工的必备技能之一，而此书可谓面面俱到，无论是外卖小白还是业内熟手都能从中找到学习的价值。

——五芳斋总经理　马建忠

尊宝比萨深耕外卖市场二十多年，始终坚持将良好的客户体验传递到所在城市的每个角落。通过与饿了么的合作，尊宝可以将高品质的产品与服务带给更多顾客。希望本书能为商家在平台外卖业务上的迭代升级带来助力。

——尊宝比萨总经理　王文伟

目录

第一章 快速入门：从零开始，打造一家线上外卖店

第二章 流量来源：你的顾客从哪里来

第三章 进店转化：好店铺要能够让顾客“一见钟情”

第四章 下单转化：成交高于一切

第五章 复购留存：打造忠诚用户客群

第六章　数据管理：不懂数据分析，就别谈盈利

第七章　发展战略：拥抱现在，着眼未来

第一章

快速入门：从零开始，打造一家线上外卖店

外卖行业的蓬勃发展，不仅在极大程度上改变了人们的用餐习惯，而且对整个餐饮行业也产生了巨大影响，让餐饮从业者们看到了新的机会与挑战。越来越多的餐饮从业者加入到外卖大军中，力图借助外卖平台的力量，实现自己的创业梦想。

外卖是门技术活儿，需要精心布局、步步为营，每一个环节都不能忽视。本章就将带领大家学习如何从零开始，打造一家最赚钱的线上外卖店。

一、开店申请：了解开店资质和相关注意事项

民以食为天，餐饮行业的历史极为悠久，且一直呈现出蓬勃发展的态势。近年来，伴随着移动互联网技术的飞速发展，大众的餐饮消费观念和渠道发生了较为明显的变化，外卖行业由此兴起。据智研咨询集团发布的《2019—2025年中国外卖行业发展现状分析及市场前景预测报告》显示，从2016年至2018年，中国互联网外卖市场交易规模一直保持较为明显的上升态势，由457.8亿元上涨至2078.3亿元，在到家O2O市场中一直占有较高比重（如图1–1所示）。

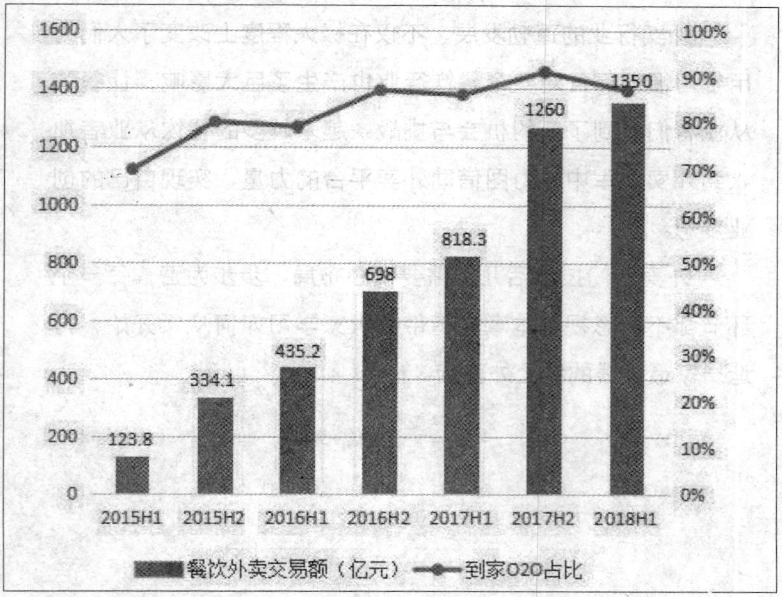

图1–1　外卖市场规模及在到家O2O中的占比情况

在互联网日益发展的今天，外卖已经成为人们生活中的重要组成部分，不仅改变了人们的用餐习惯，也让餐饮从业者们有了一个全新的发展方向——外卖创业。

需要提醒大家的是，虽然相比传统餐饮行业，外卖店铺对于运营成本等各个方面的要求都较为宽松，但开设一家外卖店铺绝非易事，需要经历诸多复杂的环节。比如，申请入驻外卖平台、资质申请、等待平台审核等等。尤其需要注意的是，外卖平台对于入驻店铺的相关证件会进行极为严格的审核，容不得一丁点儿的弄虚作假。

接下来，就让我们从零开始，了解一下如何在平台上开办一家属于你的外卖店铺。

1. 平台选择

开一家外卖店铺的前置条件，是选择最适合自己的外卖平台，这是你要面对的第一个选择。外卖平台的出现，不仅为广大顾客带来了极大的实惠和便捷，同时也为外卖店主们提供了一个充分展示自我的平台，可以接触更多的潜在顾客，增加店铺营收。

在进行平台选择时，你要先对平台进行综合分析，仔细研究平台的影响力、顾客群体特征、运营成本、平台活动以及平台扶持政策等诸多因素。值得一提的是，据艾媒咨询 2019 年初发布的《2018 饿了么超级会员专题研究报告》数据显示，在 2018 年，63.8% 的饿了么超级会员，每天至少会点一次外卖，顾客消费频率遥遥领先于其他外卖平台（如图 1–2 所示）。

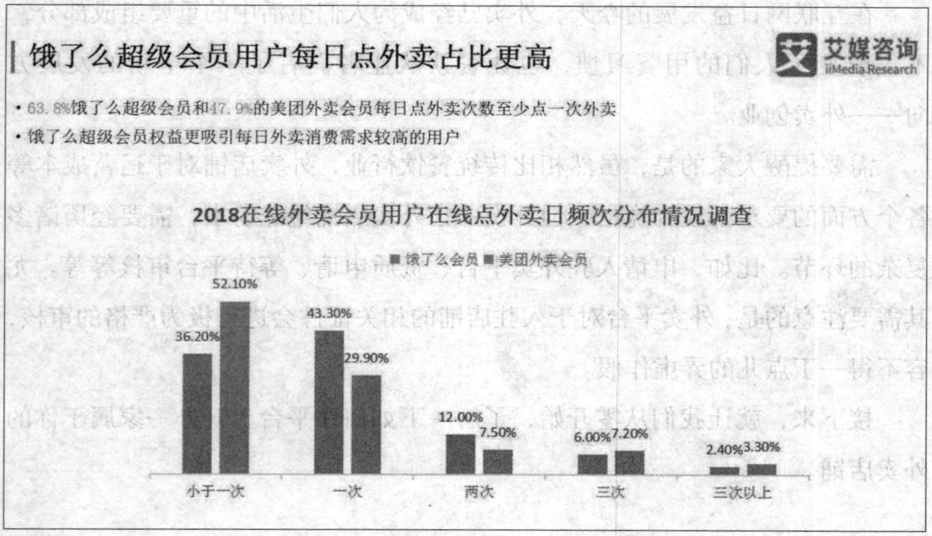

图 1-2　饿了么平台超级会员消费频率较高

此外，无论是顾客份额还是顾客满意度，饿了么同样都取得了较为出色的成绩。因此，这一平台是外卖店主们的上佳选择。

2. 平台入驻流程

每家外卖平台的流程各有不同，以下就让我们以饿了么平台为例，手把手教你如何从零开始，打造一家属于自己的线上外卖店。

外卖店铺要想入驻饿了么平台，需要满足两条最基础的要求——卫生环境和食品安全必须符合《中华人民共和国食品安全法》的相关规定，必须取得当地食品药品监督管理部门与工商部门授予的准许经营资质（如图 1–3 所示）。

图 1-3　饿了么自助开店所需材料

（1）门店名称

门店名称需与店招一致，或者与营业执照名称一致；如果店名格式为：店铺名称（××店），括号中只能包含地理位置信息／商圈信息，且必须以“店”字结尾。

（2）招牌图片

招牌图片要求实景拍摄门脸整体图，清晰无水印；无其他平台信息；无知名品牌侵权信息；无黄赌毒、涉政信息；无平台禁售及国家明令禁售品信息。详细要求请参考“饿了么—我的—设置—关于饿了么—规则中心—店铺准入规则”。

（3）大堂照片

大堂照片要求实景拍摄门店内部整体图，清晰无水印；无其他平台信息；无黄赌毒、涉政信息；无平台禁售及国家明令禁售品信息。详细要求请参考“饿了么—我的—设置—关于饿了么—规则中心—店铺准入规则”。

（4）Logo 图片

外卖店主可选择上传原创的精美 Logo 图片，或在 Logo 库中选择。

（5）身份证

可使用的身份证件：二代身份证、护照、港澳台通行证、香港身份证、澳门身份证、台湾通行证、临时身份证。

证件信息需与营业执照的登记法人一致。

身份证手持照片为本人手持身份证及营业执照的合照；开店人正脸需要入镜，证件信息要求清晰可辨。

（6）营业执照

营业执照图片要求清晰无水印。

禁止使用一张营业执照在平台上开多家店铺。

营业执照信息填写要求与营业执照完全一致，注册号请填统一社会信用代码 / 注册号，请勿填写证照编号。

（7）许可证

可以用于平台开店的许可证类型有：食品经营许可证、餐饮服务许可证、食品流通许可证和部分地区特殊三小证照。

许可证有效期大于 30 天。

许可证信息与营业执照信息保持一致。

还有其他相关规则，如在饿了么平台上开设一家清真店铺，必须提供当地清真机构颁发的清真食品准营许可证，请参考“规则中心—店铺准入规则”。

在材料准备妥当之后，你便可以登录饿了么的官网，网址：kaidian.ele.me，到饿了么平台上进行申请，根据平台提示的具体流程进行相应操作。

在以上信息全部完善、提交之后，饿了么将会指派相应的市场人员到店拜访，并协商合作方案。在市场人员确认外卖店主的开店申请之后，店主便可以在申请页面中查看开店的具体进度。

当你收到饿了么后台确认开通的信息后，便意味着你已经正式成为饿了么平台店主中的一员。在正式营业前，你还需要进行以下工作：添加菜品（商品）、设置配送范围及配送常见问题、开通在线支付、创立自建活动、设置打印机、设置订单提示音、设置营业时间等。

总之，外卖店铺的筹建，并不比一家线下实体店铺简单，需要每一个外卖店主的高度重视，其中的每一个过程和细节都不可轻视，以免对你的外卖店铺产生不良影响。

二、门店设置：优秀的门店都懂得包装自己

人靠衣裳马靠鞍，门店的设置是一家店铺外在形象的直接体现，决定着顾客对店铺的第一印象。在这个体验至上的时代里，你需要注重线上门店设置的每一个细节。要知道，恰到好处的店铺包装，能够给顾客创造更为良好的体验。

那么，我们可以从哪些方面对店铺进行有效包装呢？

1. 店名

中国人一向讲究名正言顺，与人名类似，店名是店铺的重要标志之一，在一定程度上代表着整家店铺的风格，肩负着店铺对外宣传的重任。一个好的店名，不仅能够提升顾客的食欲，还能够让人过目不忘，提升店铺知名度。因此，在你为店铺设计店名时，要尽量与 Logo 相配合，力争在第一时间内吸引顾客的注意力，让更多的顾客愿意进店消费。

以下，是我们总结的取名时应当遵循的四大原则，希望能对你有所帮助。

（1）反映属性

所谓属性，就是讲清你家店铺的主营类别。比如，某某面馆、某某便当等。当顾客看到店名时，就知道店铺的主营产品是什么，是否满足他们最基本的需求。举个例子，如果某位顾客想给自己点一份热腾腾的汤面，他就会在店

铺列表中寻找“某某面馆”之类的名字，基本不会点击进入“某某酸菜鱼”。这种情况尤其适用于那些时间比较紧张的顾客，他在百忙之中抽空打开外卖平台，根本没有时间去猜测那些“奇怪”的店名，卖的到底是什么。

（2）热搜词语

店名是店铺的无形资产，是店铺众多的传播要素中至关重要的一环，名字如果起得好，还能增加店铺被搜索到的概率。平台经常会发布一些热搜词语，比如“鸡排”“黄焖鸡”“麻辣烫”等，这些词语往往自带“光环”，是非常重要的流量入口之一。如果你家店铺的店名中，能够加入这些词语，便能在很大程度上提升被顾客搜索到的概率。举个例子，当顾客在平台上搜索“粥”时，名字中包含“粥”的店铺，就会排在较为靠前的位置（如图 1–4 所示）。

图 1-4　输入“粥”的搜索结果示例

有些店主可能会觉得，像“某某便当”“某某麻辣烫”这样的名字过于常见，明明主营产品就是这些，却总想起一些看起来“高大上”的名字。其实，这种做法完全没有必要，毕竟顾客来店里消费，就是冲着这些产品来的。

（3）规范简洁

以“店铺名称 +（××店）”的形式命名，这是线下连锁店铺常用的取名原则之一。比如，“星巴克（义乌新科路店）”“必胜客宅急送（青浦宝龙店）”等。连锁店铺往往拥有较强的品牌背书，更容易获得顾客的信任。

因此，这也是外卖店主在为店铺取名时可以参考的一个重要方式。

（4）名字不要太长

为了方便顾客记忆，外卖店铺的店名一般不宜过长，最好控制在二至五个字之间。同时，还要注意尽量不要使用生僻字，读起来最好朗朗上口。

除此之外，一些带有吉祥寓意的名字，也更容易激发人们的好感。因此，在为店铺起名时，不妨通过一些赋予期望和祝福的文字，来提升顾客的进店机会。比如“吉祥馄饨”“快乐柠檬”等。

2. 店铺公告

店铺公告通常位于店铺优惠活动下方的位置，有着向顾客告知信息的重要作用（如图 1–5 所示）。

外卖店主可以根据自身需要，编写店铺公告的相关内容。细节之处见真心，一份好的公告，往往能够让顾客感受到店铺的用心，有效提升顾客的消费体验。因此，你可千万不要小看了店铺公告的下列设置细节。

（1）宣传语

店铺公告是外卖店铺免费的宣传途径，你可以通过店铺公告，向顾客介绍店铺

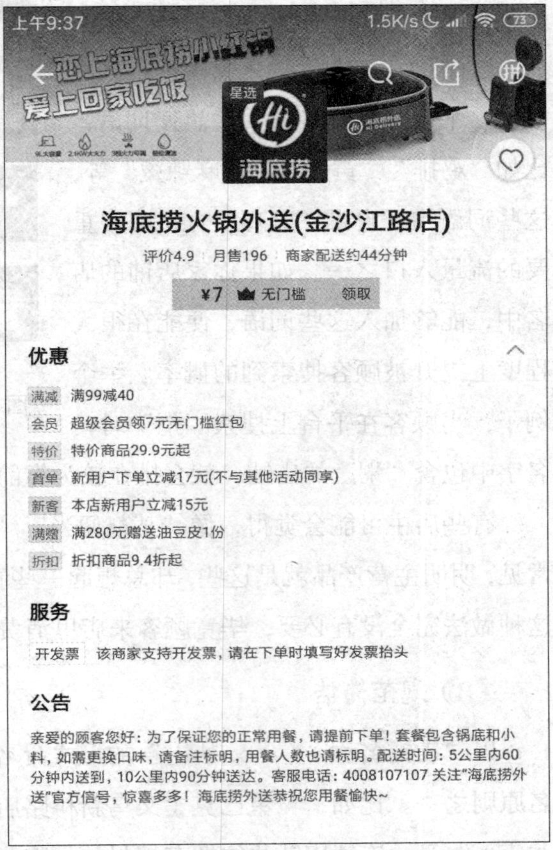

图 1–5　店铺公告通常位于店铺名称靠下的位置

的一些基本信息。比如，店铺定位、服务人群及产品概述等（如图 1-6 所示）。

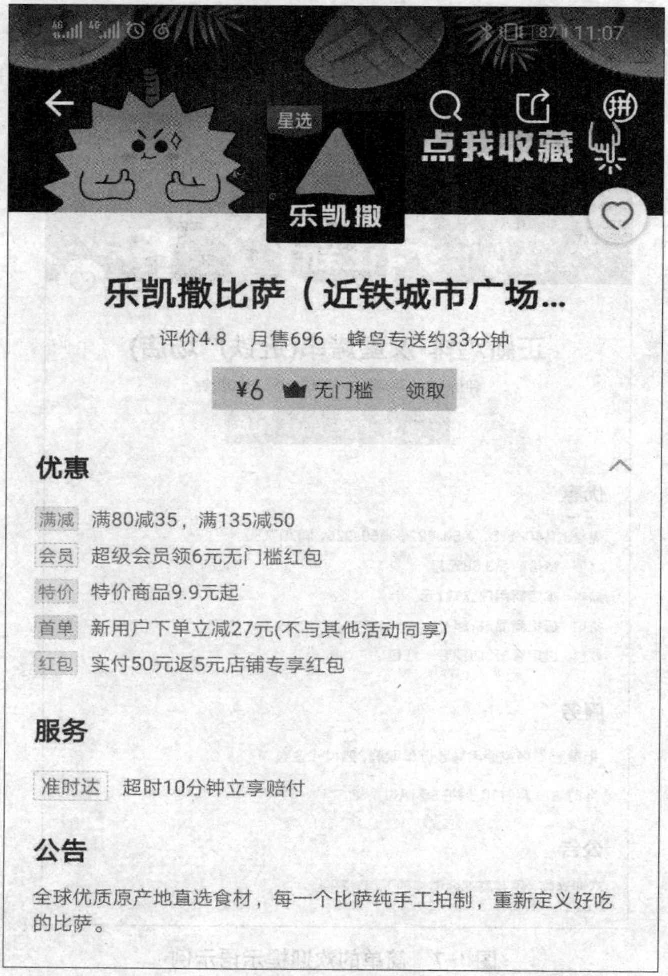

图 1-6　简单的店铺或产品介绍示例

（2）特殊情况公告

这是一种非常简单的公告类型，你可以在店铺公告中写一些欢迎或提示类语言，对顾客加以提醒，避免因沟通不及时而带来的某种不便。此类提示语还能让顾客感受到店铺的认真和负责，让顾客倍感温暖（如图 1-7 所示）。

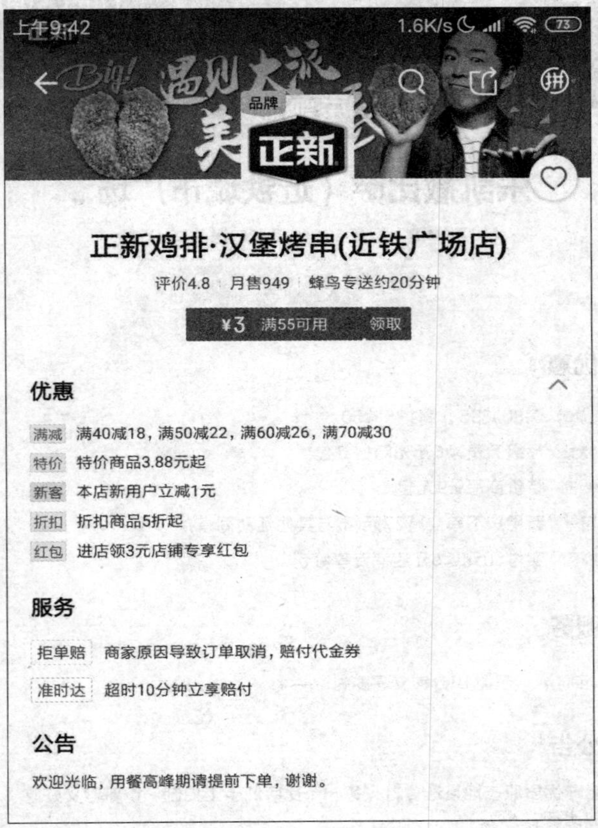

图 1-7　简单的欢迎提示语示例

（3）店内活动

外卖店主还可以将近期将要推出的重要活动，写在店铺公告栏中。比如，“新年大酬宾，凡 1 月 1 日至 10 日进店顾客，消费满 35 元，返 10 元现金券一张，下次本店消费满 30 元即可使用，每天限量推出 30 张，先到先得”。

这种方式简单直接，能够刺激顾客进店消费的欲望。

需要注意的是，虽然平台对于店铺公告并没有统一的要求，但是一些内容也是被明令禁止的。比如，涉及黄赌毒的内容，不文明、辱骂、诅咒等内容，虚假宣传和过于明显的引流信息等。

三、菜单打造：决定成交的关键所在

菜单虽小，可不简单。在很多外卖店主的固有思维中，往往有着这样的认知："菜单嘛，只要保证菜品齐全，将菜品完整地呈现给顾客就可以了。"但事实上，一份优秀的菜单，能够体现店铺的特色和经营理念，是一种无声的营销手段，不仅能提高顾客的消费体验，还能直接引导顾客消费，有效提升店铺的订单量。

在移动互联网时代里，顾客拥有了更多的选择权。要想在日益泛滥的美食信息中脱颖而出，外卖店主必须从自身需求出发，在菜单的设置上多下功夫。

在设置菜单之前，请先思考两个问题：第一，如何才能让顾客更加容易找到想要的菜品？第二，如何才能更好地吸引顾客下单？

接下来，便让我们带着这两个问题，展开本节的内容——打造菜单时应注意的相关细节。

1. 菜品种类要少而精，分类明晰

菜单是菜品的展示方式，首先要考虑的就是菜品。需要强调的是，店铺在设计菜品时，一定要综合考虑自身定位和顾客的实际需求，不能盲目跟风。在对菜品进行分类时，店铺应结合本身定位、场景、口味和消费场景等多种

因素，秉承少而精的原则，让顾客对菜品一目了然，迅速作出选择。每个类别的产品数量也不宜过多，6 至 7 个即可。

以下面这家肯德基店为例（如图 1–8 所示）。在这家店铺的菜单中，菜品的分类十分简洁直观，菜品名称紧扣食材特点，让人一目了然。

菜单的精简，除了方便顾客选择之外，还有一个明显的优点就是，最大限度地避免店铺备货失衡和人力分散，保证店铺的出餐效率。

图 1–8　菜品分类示例

2. 产品结构尽可能聚焦，巩固主打菜品优势

在这个追求个性的时代里，没有一家店铺可以满足所有人的口味，大而全的菜品设计，往往会让顾客产生“每种菜品都一般”的错觉。

不妨设想一下，某位顾客想吃一份炒饭，于是他打开外卖平台，点击进入了一家经营炒饭的店铺。在浏览菜单后这位顾客发现，该店铺不仅提供了十几种炒饭，还提供了十几种面类、十几种盖饭和多种米线、饮品、小吃等。这位顾客的需求其实十分明确，就是想找到一份最好吃的炒饭，而他在看完如此设计的菜单之后，会产生怎样的想法？恐怕他连这家店铺的主营业务是什么都还没弄明白，就会离开这家店铺的页面，到下一家店铺下单了。

这种看似全面的设置，反而会给顾客一种“不专业”的感受，分散顾客的注意力，让他无从下手。请注意，顾客无从下手并不意味着他会随便选择一种菜品，更大的可能，是结束这次不成功的消费经历。

菜单的最大用处，就是让顾客在最短时间内了解店内菜品，并引导他作出选择。因此，店铺在设置菜品结构时，应该尽可能地聚焦，尽量突出主打菜的优势。通常情况下，主打菜品往往是一家店铺引流的主要武器，还承担着宣传店铺口碑的重要责任。

以某地区的一家华莱士炸鸡汉堡店为例。该店铺的招牌菜品是鸡腿堡和鸡肉卷，为了更好地向外推广这两道菜品，店铺在曝光和促销时，都对这两道招牌菜进行了明显的资源倾斜。特别是鸡腿堡，不仅分别享有6.2折的店内最低优惠，还为其设置了七款折扣套餐。因此，鸡腿堡成为该店铺最受欢迎的菜品，为店铺带来较大的利润（如图1–9所示）。

需要提醒的是，你还应在菜单中尽量剔除不适合外卖的菜品。比如，白灼生菜，这是在各家线下实体店铺中十分常见的一道小菜，较为适合堂食。由于独特的烹饪手法，生菜很容易出水，长时间的配送会对菜品的口感产生直接影响，并不适合外卖。因此，如果你的店铺有其他的小菜可供选择，便应将这道菜及时替换，以免带来负面评价，影响店铺声誉。

图 1-9　华莱士炸鸡汉堡的招牌菜品示例

3. 菜品排序要有逻辑

人们往往对第一眼看见的事物，更容易产生深刻印象，这是人类固有的视觉习惯。这便意味着，外卖店铺必须重视菜单上菜品的排列顺序，将最容易吸引顾客的菜品或者店铺主推的菜品前置，一些利润较小、口碑又不明显的菜品，则应放到稍后的一些位置。这种做法，不仅能方便顾客点餐，还能有效提升顾客的消费体验。

可能有人会问："主打的招牌菜很容易理解，但什么菜品更容易吸引顾客呢？"答案是优惠菜品，这种菜品本身便承担着为店铺引流的重要职责，在菜品排序时应尽可能地放在前面（如图 1–10 所示）。

图 1–10　尽可能将优惠菜品前置

4. 分类和菜品的名称有趣且实用

年轻群体是外卖顾客最重要的组成部分。因此，店铺在设计菜单时，还应充分考虑年轻群体的心理特征，在菜单分类名称和菜品名称上多下功夫，尽可能地增加趣味性，以此吸引年轻顾客的目光。

（1）菜品分类

分类名称的设计，一定要建立在让顾客容易理解的基础上，最有效也最简单的模式便是“形容词 + 分类”，或者直接使用一句俏皮话。比如，“一个人也要好好吃系列”“两个人吃更划算套餐”等。

需要注意的是，凡事过犹不及。有很多店铺为了追求特立独行的菜品风格，使用了一些看似文艺实则不易理解的分类名称，这种做法是外卖店铺的大忌。

比如，有家外卖店铺在菜品分类时用了“过眼云烟”这个词。店主其实想用这个词来指代一些限时抢购的活动，但效果却适得其反，很少有顾客能直接体会到店主的“良苦用心”。更多的顾客在看到这个词时，第一反应是莫名其妙，完全不知道店主想表达的是什么意思，这便与店主最初的用意背道而驰。

（2）菜品名称

店铺在设计菜品名称时，也可以适当增加些新意，通过提升顾客好奇心的方式，刺激顾客的消费欲望。

比如，你可以给自家店铺的酸辣粉起名为“难吃酸辣粉”，将麻酱拌油麦菜叫作“麻酱凤尾”，或者将宫保鸡丁盖饭取名为“蛮王鸡丁饭”。更有甚者，你还可以将套餐名称定为“海陆空经典三人餐”（如图 1-11 所示）等，这些都是能够有效引发顾客好奇心的命名方式，不妨借鉴一二。

图 1-11 菜品命名示例

5. 菜品图片要美

在中华民族的餐饮文化中，历来有“色香味俱全”的说法，“色”字意义重大、排名第一，这个道理也适用于外卖店铺。一张诱人的美食图片，往往更能让顾客垂涎欲滴，迅速下单。不信？请看下面的图片（如图1-12所示）。精美的食材和巧妙的搭配，是否让你产生了大快朵颐的冲动呢？

图 1-12　精美的菜品图片示例

对于外卖店铺而言，菜品图片的拍摄质量至关重要。顾客对菜品的感知，大多来自对菜品图片的直观印象。因此，我们建议在条件允许的情况下，外卖店主尽量自己拍摄菜品图片，这样既可让图片更加真实可信，又能确保店铺中所有菜品图片的风格统一。

考虑到许多外卖店主可能并不具备专业的摄影技巧，以下便提供几个拍摄的小窍门，希望能够帮你尽快掌握菜品图片的拍摄门道。

（1）光线

光源要选用明亮、柔和的自然光，最好在有纱窗的窗边进行拍摄，尽量避免在暗光环境下或使用闪光灯拍摄。

（2）色彩和色调

如果是日常餐品，建议用漂亮的浅色餐具+深色背景，以此凸显食物本身的色泽。

（3）视角

镜头尽量拉近，画面适当留白，将焦点放在食物最吸引人的部分。如果拍摄的不是套餐而是单品，建议尽量模仿顾客用餐时的实际视角。此外，尽量不要将未加工的原料、食材直接放在食物之上，最好在烹饪完毕后再进行拍摄，确保呈现给顾客的是菜品的实际状态。

（4）风格

建议将店铺内所有菜品的图片背景、摆盘、角度等加以统一，方便顾客建立整体的消费体验。

（5）美化

专业的图片美化，会让菜品看起来更加自然。如果你对此并不擅长也别着急，饿了么平台的专业团队，能够为你提供性价比最高的图片美化服务。

6. 菜品描述注意事项

和堂食不同，顾客在外卖消费时，无法直接向服务员进行相应咨询，菜品图片和描述就成了顾客选择菜品时的重要依据。因此，除了要为顾客提供美观实在的菜品图片，你还需在菜品描述上下功夫，尽量做到详细且具有新意。

（1）讲清菜品的原料

“鱼香肉丝没鱼？”“老婆饼里没老婆？”由于某些顾客在下单前对菜品的原料并不明确，许多外卖店铺都曾经历过这种让人无奈的中差评。为了在最大限度上避免这种情况的发生，店铺可以在菜品描述中，添加菜品的主要原料，以免顾客误解（如图 1–13 所示）。

图 1-13　讲清菜品的原料

（2）讲清制作工艺

许多菜品乍看起来并无突出之处，主要特点就体现在制作工艺上。为了突出菜品的特色和制作的匠心，让顾客更加深入地了解菜品，店铺还可以在菜品描述中，对制作工艺进行简单介绍。比如，你的鸡汤是“慢火 24 小时精心熬制”；你的食材经过了“先滚水去腥，再油炸烹饪”的处理，口感更好等。

（3）讲清菜品口味和口感

对菜品口味、口感进行细致描述，不仅能够引发顾客的购买欲望，还能有效避免顾客由于理解歧义而造成的心理落差。比如，“该款糕点采用了某种原料，口味偏咸，不适合嗜甜的顾客”。

四、订单处理：及时对交易作出回应

订单，是一场交易的开始，代表着店铺和顾客缘分的开启。一个外卖订单，从产生到结束会经历多个环节。任何一环节出现纰漏，都有可能导致该订单异常，交易无法顺利完成，甚至直接影响店铺在顾客心中的形象。因此，对于外卖店铺而言，订单管理的重要性毋庸置疑，每个订单都需要谨慎对待。

以下，就让我们全面了解不同订单的处理方式，希望能让你对订单处理有更深层次的理解。

1. 正常订单处理

（1）接单流程

当有订单产生时，店铺只需要点击“接单”按钮，就可以完成接单操作。如果你的店铺选择了自配送，便可自行完成配送过程，而蜂鸟专送的店铺则由平台安排骑手上门取餐，店铺只需安心出餐即可。

接单是否及时，是顾客评定店铺效率与服务的第一步。店铺接单越迅速，越容易让顾客产生一种受重视的感觉，从而提升顾客的满意度。为了更好地提升接单效率，节省操作时间，你可以借助外卖平台提供的一些功能设置，比如在饿了么商家版的“订单处理”界面，将“打开自动接单”“微信接单助手”和“新订单提示音”三项通知均设置为开启状态（如图 1–14 所示）。

如果店铺出于某种原因，无法保证将订单准时地送到顾客手中，也可以选择拒单，并注明原因。需要强调的是，拒单很容易影响顾客的消费体验，或多或少都会给店铺带来不良影响。饿了么平台对店铺的拒单行为，也有着较为严格的管控。如果店铺的拒单次数过多，便会直接影响店铺在平台上的排名。再次提醒各位，拒单行为的后果严重，请务必谨慎处理。

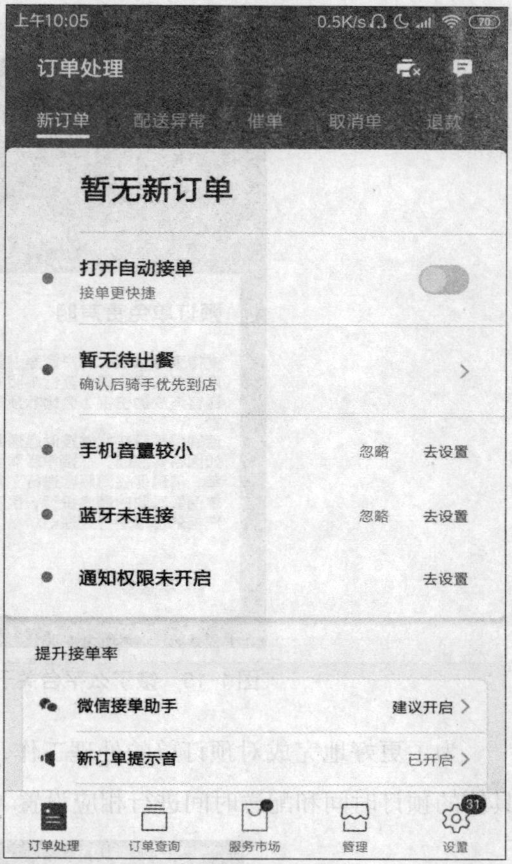

图 1–14 订单处理界面示例

（2）预订单处理

为了更好地满足顾客需求，饿了么平台为店铺提供了预订单接收功能。所谓预订单，是指顾客可以根据自身需求，对送餐时间进行选择。比如，顾客可以在上午 9 点下单，要求下午 1 点到达。你可以在饿了么商家版的“设置界面”中，选择“订单设置”中的“预订单设置”，将“支持预订单”功能开启。

需要注意的是，由于顾客对于预订单所抱的期望值普遍较高，一旦出现问题，对顾客造成的负面影响也会更加严重。因预订单问题导致的顾客投诉，饿了么平台会依照更严格的标准进行处理，希望能引起各位外卖店主的高度重视（如图 1–15 所示）。

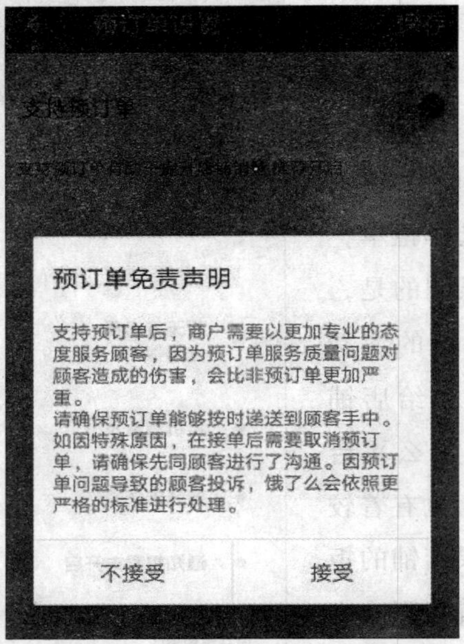

图 1–15　饿了么平台关于预订单的声明

为了更好地完成对预订单的处理工作，店铺可以根据自身实际情况，对具体的预订时间和配送时间进行相应设置（如图 1–16 所示）。

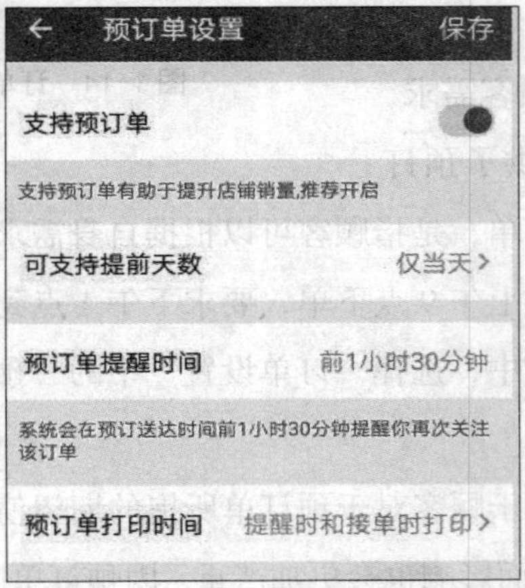

图 1–16　预订单设置示例

店铺可以在饿了么商家版的“订单查询”界面，点击左上角的“预”字，查看预订单的详细信息。一般而言，90分钟内的预订单会在“订单处理”上方有醒目的提醒（如图1–17所示）。

图1–17　预订单查询示例

2. 异常订单处理

店铺出现的异常订单，主要包括配送异常、催单、取消订单以及退款几个方面，你可以在饿了么商家版的“订单处理”界面，进行相应异常订单的查询（如图1–18所示）。

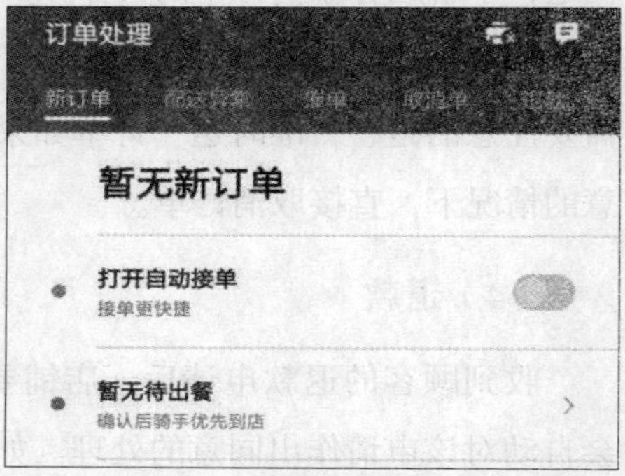

图1–18　异常订单查询示例

（1）配送异常

引发配送异常的原因主要有以下几种：

①配送能力不足，无法对运力进行合理分配。

②骑手在取餐前取消了订单。

③骑手在取餐后，出于自身原因而取消了订单。

④配送超时，超过预计送达时间30分钟，订单仍然没有送达，顾客选择了取消订单。

如果是前两种情况引发的配送异常，店铺可以在订单有效的情况下，选择自行配送或者继续等待，并和顾客进行电话沟通。在电话沟通中，店铺需要明确告知顾客，送餐时间可能会出于某种具体原因有所延长，争取取得顾客的谅解。

如果是后两种情况，店铺便需要及时与骑手联系，了解具体情况并督促其优先配送。一旦出现了菜品损失的意外情况，店铺要及时安排重新配送，并向顾客耐心解释。如果顾客强烈要求取消订单，建议店铺尊重顾客的选择。

（2）催单

如果店铺遇到顾客催单，寻找原因便是你要做的第一件事。引发顾客催单的情况通常有两种：店铺出餐慢，或是配送人员取餐、送餐慢。

如果是自身原因，店铺除了要向顾客诚恳道歉外，还要找到出餐慢的具体原因所在，有针对性地予以解决。举个例子，如果是因为人手不足造成的出餐速度较慢，店铺就需要再招一些员工；如果原因在于原材料准备不足，下回就要记得多准备一些……

如果问题出在配送人员身上，店铺应与配送人员及时沟通，督促其尽快送达，并让配送人员与顾客联系，耐心说明具体情况，争取得到顾客的谅解。

（3）取消订单

在顾客申请取消订单时，店铺应在 15 分钟内作出回应，并与顾客及时沟通，了解顾客取消订单的具体原因，由此选择拒绝或者同意。

如果在 15 分钟内店铺未能作出回应，平台系统会自动同意取消申请。需要注意的是，“准时达”订单如果严重超时，顾客也可以在未取得店铺同意的情况下，直接取消订单。

（4）退款

收到顾客的退款申请后，店铺要在 24 小时内作出回应，否则平台系统会自动对该申请作出同意的处理。如果店铺同意退款，订单金额将足额退还到顾客账户；如果店铺拒绝退款，且未能与顾客达成一致，饿了么平台便会介入，将订单置入仲裁流程，客服会在 24 小时内给出仲裁结果。

异常订单对于店铺的影响不言而喻，为了提升顾客、配送人员以及店铺的沟通效率，有效避免异常订单的出现，饿了么平台推出了“即时消息”的功能。店铺和顾客只需更新到最新版本，便可使用该功能。

通过使用该功能，店铺便能随时以文字、语音、图片等方式，与顾客和配送人员即时交流，了解订单的具体情况，还能向顾客发送营销信息，以此提升顾客的满意度和复购率。与此同时，店铺还可以通过 @ 功能，对顾客或配送人员进行特别提醒，大量减少无效沟通，缩短送餐时间，提升物流效能（如图 1–19 所示）。

图 1–19　即时消息帮助功能对于店铺的帮助

五、新店任务：熟悉平台操作和规则的法宝

在经历了平台选择、资质申请、门店设置、菜单打造等一系列流程之后，你终于有了属于自己的外卖店。接下来，你将面对更大的挑战：新店如何开启？店铺开业初期，要做些什么？

要想拥有一个良好的开端，你需要详细了解平台的基本操作和相关规则。如果自行摸索，可能会让你耗费大量的时间和精力，且收效甚微。为了避免这种情况的出现，并让新店主能够更好、更快地了解平台，饿了么平台设置了相应的新店任务（店铺参加任务的时间，通常是指从其营业第一天开始计算的30天内）。在完成任务的过程中，你不但可以加深对平台的认知和了解，还能得到平台的相应奖励。

通常情况下，新店任务即为新店行动任务。简单而言，行动任务需要店主完成与店铺相关的指定行为，每个任务平台都规定了具体的奖励措施。

行动任务对应的是不同的奖励（如流量卡、竞价推广充返券等），通过新店的行动任务，店铺能够享受平台福利。作为一家新店，拥有平台的资源扶持，就代表着店铺可以取得更多的曝光资源，从而拥有更多吸引顾客进店并下单的机会。在流量卡的使用过程中，还需注意以下三个时间节点：

1. 有效期

通常情况下，流量卡的使用期是自充入之日起的30天内。店铺一定要在这个时间内使用流量卡，否则，该流量卡便会自动作废。

2. 生效时间

流量卡的生效时间可根据店铺的自身需求加以调节，你可以选择实时生效，也可以进行自主定义，只要保证在有效期内开启即可。

3. 可用时间

顾名思义，1天流量卡只可以使用1天，2天流量卡便只可以使用2天。流量卡一旦开启，便会自动进入使用时间倒计时，不会出于任何原因暂停。

作为一个刚刚起步的新店来说，千万不要小看平台所提供的一系列任务。这些任务不仅能够帮你迅速熟悉平台的基本操作和相应规则，而且所提供的奖励对店铺的运营和推广也非常有利。在此，衷心希望每一位外卖店主都能成功抓住开店前期的曝光、排名等福利，让你的外卖店铺赢在起跑线上。

第二章

流量来源：你的顾客从哪里来

外卖经营离不开流量和曝光，没有流量就没有订单，这个道理谁都明白。然而，外卖商家如何才能从平台上获取更多的流量呢？在接下来的章节中，我们会从店铺排名、搜索优化、首页占位，以及各种固定和阶段性的平台活动等多个不同的流量来源角度，为您系统阐述提升流量的具体方法。

一、流量入口：流量曝光来源分解

外卖没订单，很多时候并不是我们的产品不好，而是败在了第一步——缺少曝光。在外卖经营中，有这样一个公式：

订单量 = 流量 × 转化率

即外卖订单量是由流量和转化率共同决定的，没有流量，转化也就无从谈起。在探讨这个话题之前，先让我们弄清到底什么是流量。流量的本质就是对顾客注意力的获取。从某种角度来说，流量是外卖订单的来源和基础，直接决定了外卖订单量的多寡。

当前，外卖平台上各个商家之间的竞争十分激烈，想要脱颖而出并非易事。这就需要我们基于平台流量的分发规则，不断对店铺进行优化，以期获得平台最大限度的支持。因此，及时了解外卖平台所推出的一系列流量入口，并对其加以合理利用是一件非常重要的事情，下面我们就一起了解一下饿了么平台上一些常见的流量入口。

1. 搜索入口

搜索入口通常位于外卖平台首页的最上方（如图 2-1 所示），顾客可以在搜索栏搜索关键字，进而找到自己需要的菜品或者商家。

图 2-1　搜索入口示例

对于顾客而言，搜索栏的存在，可以帮助其实现对菜品或者店铺的高效定位，从而在最短时间内找到自己所需要的产品。而对于商家而言，搜索栏可以帮助我们更好地了解顾客的喜好，统计并掌握顾客的搜索习惯，在此基础之上进行菜品名称的优化，从而更好地为店铺引流。值得一提的是，该入口也是实现餐厅线下顾客向线上引流的一个重要渠道。

2. 品类导航入口

品类导航入口是最大的一个流量入口，效果也十分明显，外卖商家理应对此重点对待。

根据店铺属性以及顾客的消费习惯等，平台将商家分为多个不同的品类（如图 2–2 所示）。饿了么的品类导航入口主要分为美食、卖场便利、水果、跑腿代购等 20 个品类，据相关数据统计，在所有品类中，美食类的顾客点击率最高。

图 2–2　品类导航入口示例

该入口的流量相对较为稳定，许多顾客会通过点击相应的品类，来获取与之对应的商家列表。需要注意的是，每个品类后的店铺列表顺序，都是根据相应平台的排名规则制定而来，店铺越优质，越容易出现在排名的前端。为了更好地利用该入口，在对菜品进行归类时，我们一定要做到足够准确。

3. 营销活动入口

营销活动入口是平台专门为自建活动或参与平台活动的商家，提供的一个展示入口（如图 2–3 所示）。

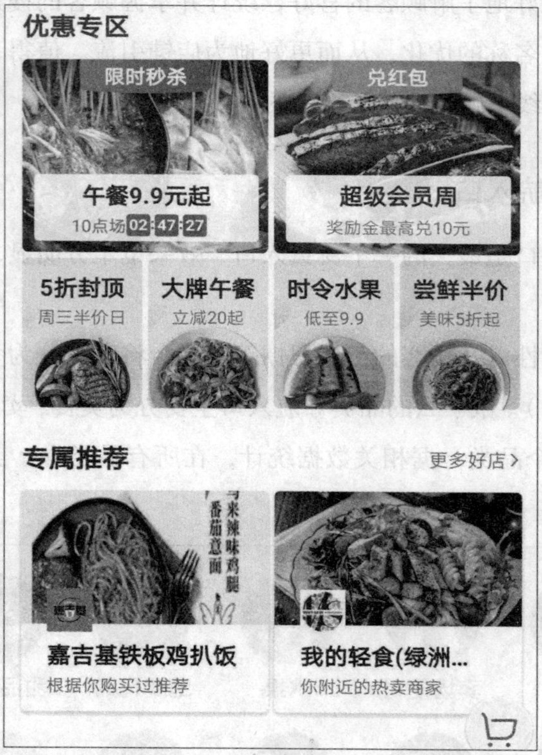

图 2–3　营销活动入口示例

出现在该流量入口的活动主题，会根据地区以及展示时间的不同而有所变化。对于新店而言，该活动是一个非常有效的获客渠道。想要参加到该活动当中的外卖商家，要对该入口的竞争情况进行仔细分析，充分了解平台的筛选规则和报名方式，关注饿了么商家版的管理—营销中心，或者平台推送的通知消息，便会有相关的营销活动报名入口。

4. 首页活动海报入口

各个外卖平台通常都设有相应的活动海报，只是在海报位置以及商家数量上有所区分。就展示位置而言，在店铺曝光量方面，活动海报往往占有较大的优势，可以使商家的知名度和影响力得到显著提高（如图 2–4 所示）。

图 2–4　活动海报入口示例

饿了么的海报入口为千人千面制，可大大增加品牌或参与活动的曝光度，有效提升品牌知名度、影响力及订单量。该区域一般定义为：促销活动、售卖广告和资源置换。具体参与方式可以向平台城市经理（Business Development，商务拓展）进行咨询和申请。

在这个流量入口中，海报设计的作用至关重要，既要足够亮丽、吸引眼球，还要能够体现出品牌或者活动的特色，否则就失去了引流的意义。

5. 推荐商家入口

这是仅次于品类导航，店铺所依仗的第二大流量入口（如图 2-5 所示）。

平台会根据顾客的浏览与购买习惯，结合其所处地区情况，筛查分析出顾客可能喜欢的店铺，并以一定顺序在这个入口处进行展示。要想在这个入口脱颖而出，商家就要深入研究平台的排名规则，及时对下单转化率、产品月销量等影响排名的因素进行优化。

图 2-5　推荐商家入口示例

6. 订单详情页入口

许多顾客在下单点餐之前，并不知道自己想要吃些什么，他们会习惯性地对自己以前的订单进行查看，并从中挑选出一家印象还不错的商家再次下单。因此，订单详情页也是外卖平台上非常重要的一个流量入口（如图 2-6 所示）。

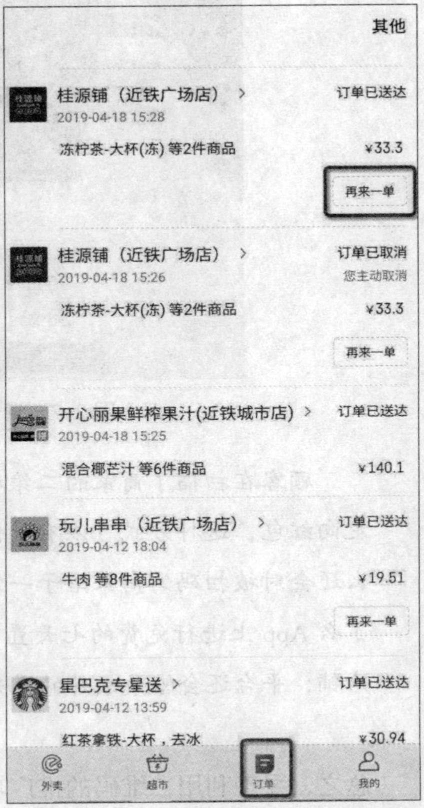

图 2-6　订单详情页入口示例

对于外卖商家而言，订单来源无非是两方面——新顾客首次下单和老顾客多次重复购买。从这个角度看，提升复购率和拉新同样重要。商家若想借助订单详情页唤醒老顾客的美好记忆，除了要努力提升菜品口味、配送速度等关键环节的用户体验之外，还要注意店铺 Logo 以及店名的设计。要知道，一个具有辨识度的店名或是 Logo，往往更容易抢占顾客心理，给他留下极为深刻的印象。

7. 二维码推广入口

除了以上一些大家比较常见的流量入口外，还有一些隐藏入口也应当引起外卖商家们的关注，比如二维码推广。

如想使用饿了么的二维码推广功能，商家可以向所在地区的市场经理直接申请，或者在手机端、电脑端的饿了么商家版 App 中，通过“店铺推广”功能直接获取自己店铺的二维码（如图 2-7 所示）。

图 2-7　堂食二维码推广示例

顾客在扫描了商家的二维码之后，便可以直接获得商家发放的定向红包，这种方式可以有效促使顾客下单消费。除此之外，饿了么还会对被扫码的商家给予一定的流量扶持。比如，将该商家在饿了么 App 上进行免费的七天置顶，对于积累了一定数量有效扫码的店铺，平台还会给予额外的曝光流量。

总之，妥善利用二维码的推广功能，能够为外卖商家带来更多的流量和曝光，有效提升顾客的下单率。当然，这些好处只有在顾客扫码之后才会产生。换句话说，店铺获取顾客扫码数量的多寡，直接决定了二维码推广效果的优劣。

在移动互联网时代，流量的价值越来越大，获取流量的难度也相应地水涨船高。有限的流量，已经成为外卖商家们争相抢夺的紧俏资源。要想在外卖平台的流量抢夺战中胜出，快速增加进店人数，外卖商家就要注重平台的每一个流量入口，了解所有入口的筛选规则。

值得一提的是，为了更好地满足高端顾客的消费需求，给予优质店铺更多的曝光机会，2018 年 10 月 15 日，饿了么高端餐饮外卖平台全面升级，正式对外推出了“饿了么星选”App。“饿了么星选”依据 6 个维度、5 轮筛选以及25项考量，从平台上的200多万活跃商家中，筛选出了一批品质相对较高的商家。这些商家不仅会获得更多的曝光机会，还将享受到优先出餐、调度，以及“7（1周7天）×24（24小时全天候）”的准时送达等各项优质服务。

二、店铺排名：影响排名的因素及提升方法

在上一节中，我们对外卖平台的流量入口做了详细的介绍。不知你是否注意到其中的一个现象——很多大的流量入口，都和排名息息相关。比如，品类列表、搜索结果列表、推荐商家列表等。

既然是列表，自然会涉及排名的先后顺序。对此，很多外卖商家都或多或少存在一些疑问："这个顺序是如何排出的？""为什么别的商家排名比我靠前？""哪些因素会影响到排名顺序？""我要如何才能提升自己的排名？"凡此种种，不胜枚举。在本节中，我们将重点为大家介绍影响外卖商家排名的各种因素，以及提升排名的具体方法。

店铺排名是影响店铺流量的关键因素之一，店铺排名的高低，直接决定了店铺在外卖平台上的具体展示位置，决定了店铺出现在顾客面前的概率，会对店铺的销售额产生深入影响。

举个简单的例子，当我们在淘宝上搜索一件商品时，那些排名较后的店铺往往连出现在我们眼前的机会都没有，更不要谈成交。

从这个角度来看，掌握平台的排名规则，了解影响店铺排名的因素以及提升方法，也是外卖经营者的必修课之一。

门店的列表排名，简单来说就是外卖平台通过一些特定的升、降权因子，比如店铺的基础信息、活动力度、顾客反馈情况等，通过特定公式计算得出的店铺排名规则。外卖平台制定排名规则的唯一目的，就是在尽可能满足顾客需求的同时，也让优质店铺能够得到最大限度的曝光，以保证店铺订单量的最大化。这件事和每一个外卖运营者息息相关，需要引起大家的重视。

店铺排名的优化并不存在捷径，我们需要认真分析每一个影响排名的因素，注意每一个细节，多维度地提升自己。以饿了么平台为例，饿了么的排名规则大体可以分为两个维度，一个是基础指标以及加、减分因素等固定维度，另一个是根据地域、时间以及顾客的不同而呈现出的变化维度。接下来，就让我们一起探寻饿了么平台的排名规则，了解提升排名的具体方法。

1. 店铺历史销量

历史销量越高，排名靠前的可能性越高（如图 2–8 所示）。因此，要想提高店铺排名，我们就要尽可能提高订单数量，以此拉动店铺排名的提升，让更多的顾客有机会关注到店铺，从而获得更高的订单数量，形成稳定的正向循环。

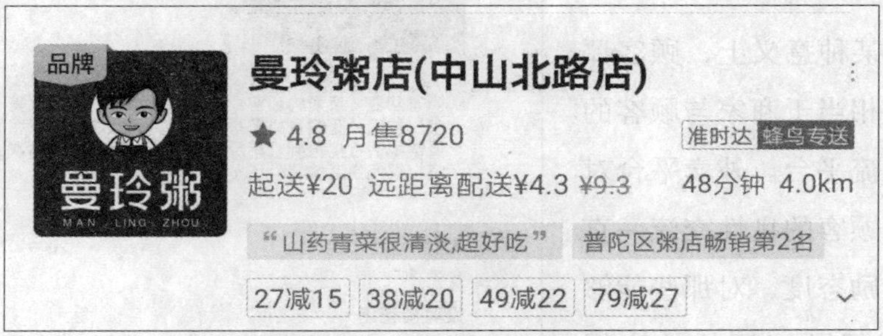

图 2–8　月销售订单数越高，排名靠前的可能性越高

2. 店铺评价分

店铺评价分也是决定平台店铺排名的一个重要因素，在销量相同的情况下，店铺评价分越高的店铺越容易排名靠前（如图 2–9 所示）。

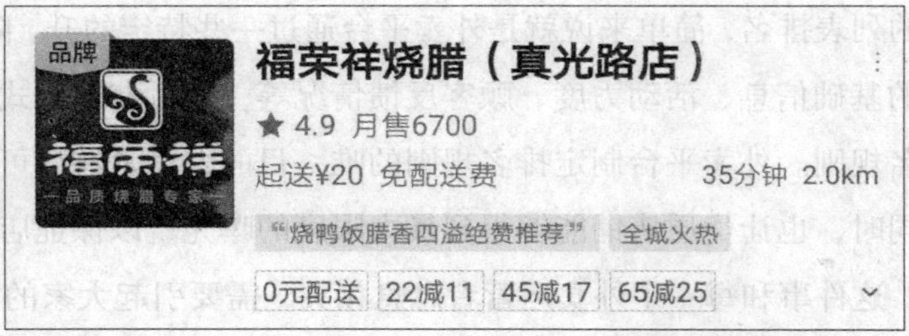

图 2-9　店铺评分越高，排名靠前的可能性越高

店铺的评价分主要来自顾客对商家所提供产品和服务的满意程度，想要获得更高的店铺排名，商家需要不断提升自己产品的质量和口味，完善打包、配送等配套服务，提升店铺的评价分。

3. 店铺评价回复情况

在某种意义上，顾客评论区就相当于商家与顾客的一个交流平台。外卖平台对商家和顾客的良性交流一直持有鼓励态度，对那些能够及时回复顾客评价的店铺（如图 2-10 所示），平台会给予一定的排名优先权。

关于商家对顾客评论的回复，除了及时反应以外，评价的用心程度也是重要的

图 2-10　商家对顾客评价的回复

衡量标准。商家要仔细查看每一位用户的评价，并根据评价认真作出回复。

图 2-11　店铺营业时间示例

4. 店铺营业时间

基于人们的日常饮食习惯，外卖商家的营业时间可分为多个重要时间段（如图 2-11 所示），比如早餐、午餐、下午茶等。而平台给予店铺的流量，也会根据商家的不同经营时段划分。商家的经营时间越长，能获得的时段用户关注越多，相对的排名也会越靠前。

餐饮原本就是一个拥有较强场景化的行业。在不同的时间段内，顾客想点的菜品种类通常存在明显的差别。在某一具体时间段内，设置符合该时间段产品类型的店铺，更容易提高自己的排名。比如，早上 5 点到上午 10 点提供早餐，下午 2 点到 4 点提供下午茶，等等。因此，在设置主营时间段时，店铺一定要明确自身的定位，争取获得更多的曝光机会。

5. 店铺回头客数量

对于商家而言，回头客代表着顾客的认可，代表着商家在顾客心中的口碑。而对于外卖平台来说，店铺的回头客数量，是店铺优质程度的直接表现。因此，同样类型的店铺，回头客数量更多的，便可以在平台上获得更高的排名。商家要做好顾客的维护工作，不断留存并培养忠实顾客，打造“口碑效应”。

6. 店铺出餐效率

菜品配送是外卖销售中非常重要的一个环节，店铺的出餐效率，对于店铺的排名也有明显的影响（如图 2-12 所示）。店铺的出餐效率往往直接关系到顾客体验，出餐效率越快，就越容易获得顾客的好感，从而得到更多的好评，提高店铺排名。

图 2-12　店铺出餐时间对排名的影响

为了提升店铺的出餐时间，商家要提前做好订单的预测工作，准备充足的材料，合理设置出餐流程，从而保证出餐效率。

当然，除了以上这些基础指标外，还有一些其他的衡量因素。比如，营销力度，权重不一，就不一一表述。在此之外我们还要关注平台排名的减分因素，避免由于对一些细节的忽略，而造成自身排名顺序的降低。

首先，异常订单的存在。异常订单最能反映一个店铺的服务水平，顾客催单频率较高、退单量较大等情况，都有可能引发店铺降权。因此，我们一定要重视对于异常订单的预防和处理工作。比如，如果一家店铺总能收到顾客的催单，商家就一定要关注自己的出餐流程，看看是否还存在优化的空间。

其次，营业时段设置不当。店铺的营业时段也会对排名造成影响，在相应的时间段符合该类型的商家排名会提高，反之便会下降。除此之外，店铺休息、即将关店和长期处于预订状态等情况，都会导致商家排名的不断下滑。

不可否认，店铺排名的规则并不固定，呈现出了千人千面、千时千面、千地千面的特性。因此，店铺排名的优化并非易事，但这并不代表我们无从入手。影响排名的因素有很多，我们必须静下心来，一项项、一步步去仔细核对、认真检查，从细节处入手，争取不断提升店铺的排名。

三、精准搜索：了解搜索规则，有效获取搜索流量

不是每一个消费者都会根据店铺的排名来选择餐厅，还有很多人会根据自己偏爱的食物种类直接进行搜索，在搜索结果中选择心仪的店铺。因此，搜索入口同样是一个非常重要的流量入口。

如何才能利用好搜索入口，提升自身的搜索排名？相信这个问题困扰着许多外卖商家，下面我们就来一起进行简单的探讨。

要想提高引擎搜索排名，首先我们要对外卖平台的搜索规则有所了解。以饿了么平台为例，它的搜索流量主要来自首页搜索框输入、历史搜索以及热门搜索等几个部分，以下分而论之。

1. 顾客主动输入

许多需求明确的顾客习惯于通过首页搜索框，直接寻找自身所需要的菜品。因此，要想实现对首页搜索框排名的优化，我们就应全面了解顾客的搜索习惯。通常情况下，顾客喜欢在该框内查询以下几个内容：

（1）菜品和品类名称

菜品和品类名称是顾客最常见的查找内容。比如，鲁菜、麻辣香锅等。这时的搜索结果，通常会综合菜品名称相关性、菜品销量等多种因素显示。

比如，你想吃香辣鸡腿堡，你可能会直接在搜索框中输入“香辣鸡腿堡”。如果你的店铺就拥有此菜品，或者菜品名称中含有部分关键词，便会出现在搜索结果中较为靠前的位置（如图2-13所示）。

图2-13 排名靠前的菜品名称通常高度符合搜索内容

很多店铺为了省事，会将菜品名称缩写为“鸡腿堡”。尽管只是少了“香辣”两个字，但在搜索结果显示列表的排名中，就会落后很多，进而与这次顾客进店的机会失之交臂。

因此，我们在为菜品命名时，要尽可能地全面且具有一定辨识度，最好与菜品品类或者食材等内容相关。即使你想突出自己店铺的特色与个性，也应尽量将菜品品类在括号中明确备注，避免顾客的误解。比如“白鹭上青天”和“龙抬头”等菜名，乍一看上去不知所云，被顾客直接搜索的可能性很小。

除此之外，在不同的时间段内，顾客搜索的关键词也有所不同。根据日常消费场景，平台营业时间主要分为以下四个时间段：

早餐：5:00—10:00

正餐：10:00—14:00；16:00—20:00

下午茶：14:00—16:00

夜宵：20:00—次日 5:00

我们可以根据营业时段对菜品的名称进行优化。比如，下午茶时段搜索甜品、小吃的顾客居多，这时我们就可以将自己的菜品名称加以适当调整，增加与甜品、小吃相关的关键词。

（2）店铺名称

直接在搜索框内输入店铺名称，也是顾客使用频率较高的操作模式之一，特别是在查找一些具有影响力的品牌店铺时。当顾客直接搜索店铺名称时，搜索引擎会将与搜索内容一致或相似的店铺，按照一定的顺序全部显示。因此，如果你店铺的知名度并不高，便可以用“品牌名”+“品类名”的方式提升搜索流量。比如，“吉祥馄饨”和“满记甜品”等。

（3）商圈名称

所谓商圈名称，就是店铺所处区域的名称。为了便于顾客搜索，我们可以用“店铺名称 +（ × × 店）”的形式，来为店铺命名（如图 2–14 所示）。

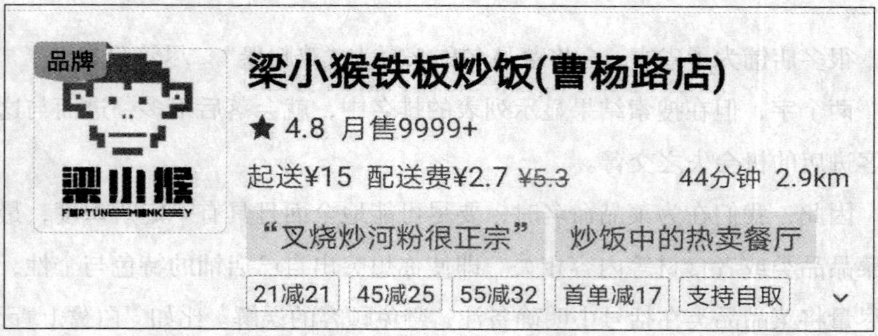

图 2–14 “店铺名称 +（×× 店）”的命名形式

需要注意的是，括号内的信息只能是路名、商圈名或行政区域名等包含地理位置的信息，而且一定要以“店”字结尾。

2. 历史搜索

历史搜索千人千面，主要展示的是某一顾客在一段时间内搜索过的关键词，这是平台通过算法和大数据技术，为顾客提供的个性化搜索推荐（如图2–15所示）。

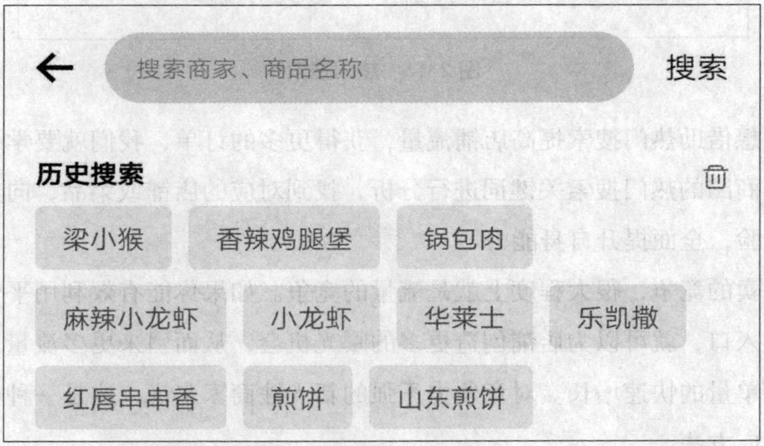

图 2–15　历史搜索示例

你可千万别小看了历史搜索能够带来的订单转化率，根据顾客的消费习惯，如果你店铺的名字出现在他的历史搜索中，那他便会有很大可能来店再次消费。当然，要想让顾客通过历史搜索再次来店消费，外卖商家就必须保证在顾客首次消费时，为其提供良好的消费体验。无论是菜品质量、包装、配送，还是售后服务，各个方面都要让顾客满意。

3. 热门搜索

热门搜索统计的是顾客所处地区内，不同场景下搜索频率较高的关键词。这些关键词并不固定，平台每天都会对其进行相应更新（如图2–16所示）。

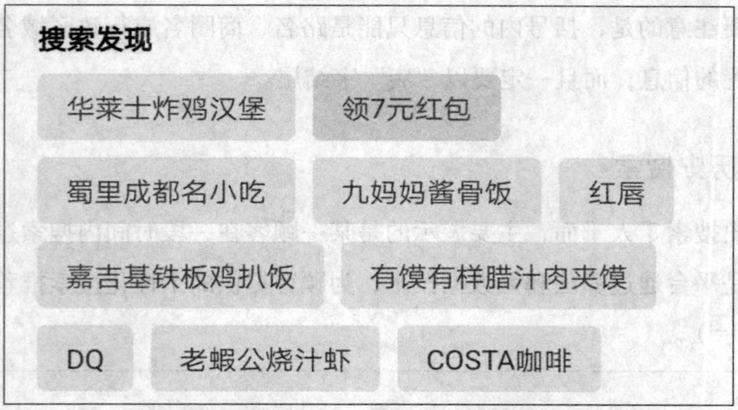

图 2-16　热门搜索

要想借助热门搜索提高店铺流量，获得更多的订单，我们就要学会对店铺所属商圈的热门搜索关键词进行分析，找到对应的店铺或菜品，向其学习营销经验，全面提升自身能力。

外卖的竞争，很大程度上就是流量的竞争。如果你能有效利用平台的各种搜索入口，就可以为店铺创造更多的曝光机会，从而引来更多流量，实现店铺订单量的快速增长。对竞争力不强的新入驻商家来说，这是一种非常有效的推广方法。

四、常规频道：首页频道资源位置活动参与

许多顾客在打开外卖 App 时，目的性并不明确。这时，他往往不会使用平台的精准搜索功能，而是在平台首页上闲逛，看到感兴趣的便下单。从这个角度来说，首页的作用十分明显，能够对顾客进行有效引导，刺激他的购买欲。

既然如此，如何才能参与首页活动，为店铺赢得额外流量，并带来订单的可能性呢？下面，就让我们将目光投向平台首页中比较受欢迎的两个活动，具体了解它们的参与方式和“吸睛”技巧。

1. 限时秒杀

所谓限时秒杀，指的是平台商家在不同时段内，针对单品推出的限时限量的定价或折扣活动，这是平台首页流量的一大入口（如图 2-17 所示）。

图 2-17 限时秒杀流量入口

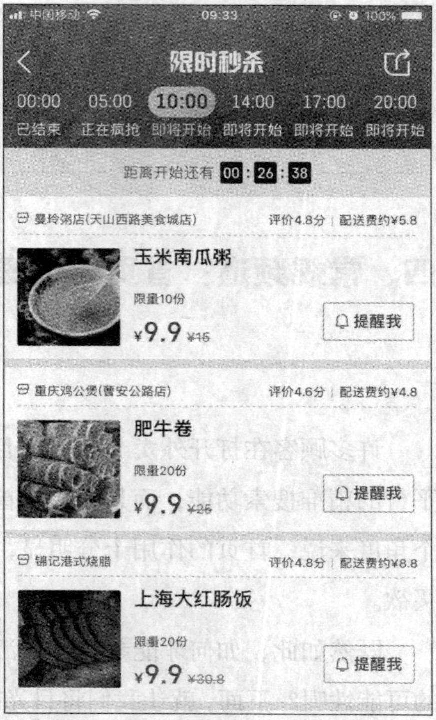

图 2-18　非销售时段可添加的活动提醒

限时秒杀是限量抢购的升级版，在限量抢购的基础上扩展了时间纬度，突出参与活动商品的稀缺性，能够有效刺激顾客的下单欲望。顾客在非活动时段，也能直达店铺。限时秒杀可谓占据了天时地利人和，是新店入驻市场、老店突破流量的重要方式之一。

“天时”指的是顾客在全天的各个非销售时段，都能够添加活动提醒，在活动上线前 3 至 5 分钟的黄金时间段内，收到专属推送提醒。这种方式，能够帮助外卖店铺有效提高订单的转化率（如图 2-18 所示）。此外，针对长期未复购的老顾客，平台也定制了限时秒杀的精准推送，在活动上线前准时推送，唤醒老顾客的味蕾回忆。

“地利”说的是限时秒杀入口位于首页二屏最显眼的资源位置。顾客在打开平台首页之后，很容易便能看到，是外卖店铺强势引流的一大利器。

“人和”则是指顾客在入场时不仅能够参与“正在开抢”的场次，那些“已抢光”和“已结束”的场次，也会显示“进店逛逛”的字样，方便用户进店浏览，继续为店铺引流。

限时秒杀活动每周都会更新，而招商则半个月进行一次，由系统发送邀请信息给符合要求的外卖店铺。如果你感兴趣，想参加下回的限时秒杀，便可以通过饿了么商家版，依照“营销中心—为你推荐—限时秒杀—报名”的步骤报名（报名资格以收到招商邀请信息为准）。参与限时秒杀活动的具体规则如下：

（1）价格要求

档位	原价
9.9 元	15 ~ 35 元
19.9 元	25 ~ 55 元
29.9 元	35 ~ 75 元

（2）菜品数量

每家店铺可报名 1 ~ 2 种菜品，数量设置在 10 ~ 20 份之间。

（3）基础费用设置

费用名目	设置要求
起送费	9.9 元档 20 元内；19.9 元档 35 元内；29.9 元档 40 元内
配送费	基础配送费 7 元内
餐盒费	3 元 / 个内

（4）注意事项

需要注意的是，一旦报名成功，便无法修改菜品，之后上线的新品，不能参与本次活动。另外，限时秒杀不与满减活动同享。

开抢前，抢购页面的排列顺序，会依据店铺的综合排名进行降序排列；开抢后，则依据销量降序排列；顾客点击过的菜品，将在该顾客的抢购页面优先排列。

以下的几点建议，或许有助于外卖商家将限时秒杀活动的效果最大化。

第一，选择符合场景的菜品。订餐场景指的是在特定时间内，某类人在某地订餐。比如，午休时段的白领在写字楼订餐，就是一个十分常见的场景，外卖商家应根据具体的订餐场景，选择参与活动的菜品。在下午茶时段

（14:00—16:00），选择奶茶、咖啡等参与限时秒杀活动，就要比选择盖浇饭等正餐效果好得多。

第二，选择热销菜品。在不同的季节或节日中，外卖商家参与活动时，可选择一到两种库存充足的热销菜品，既能迎合节日氛围，又便于顾客选择，一举两得。需要提醒的是，外卖商家不宜为了图方便，选择同一菜品的不同规格参与活动。这样会限制顾客的选择空间，进而对销量产生不利影响。

第三，切忌随意更改菜品定价。将菜品价格提高后再参与活动，是饿了么平台坚决抵制的行为。该行为不仅有损外卖商家的品牌形象，还可能导致顾客投诉，得不偿失。

第四，合理设置起送费和餐盒费。如店铺起送费设置过高，很容易导致顾客在下单的最后环节流失。根据平台规则，参与午、晚餐时段限时秒杀活动的菜品，如果起送费大于菜品原价，将不会在活动页面展示；在宵夜时段，菜品起送费减去活动菜品原价后，如果高于 8 元，也将不会在活动页面展示；餐盒费不高于 3 元，才会在活动页面展示。

第五，选择精美的菜品图片。菜品图片如果带有水印或模糊不清，将降低平台审核的通过率，也难以激发顾客的下单欲望。平台数据显示，色彩明亮且美观的菜品图片，带来的下单转化率更高。

2. 品牌展位

为了撬动商户自主营销的积极性，让新店的订单快速增长，也让老店不断提升品牌的影响力，饿了么平台在首页上也配置了广告营销展位，这便是位于首页推荐商家列表上方的品牌展位（具体位置以平台实际展出为准），属于首页中难得的黄金入口（如图 2–19 所示）。

图 2-19　品牌展位

品牌展位以图片为展示基础，在特定时段向特定人群进行曝光展示，顾客可通过展位直达店铺。投放品牌展位的外卖商家，可自定义时段、人群进行精准投放，以此降低投放成本，并提高曝光准确度。

此外，品牌展位实施费用日结模式，依照当日的投放量扣费。每千次曝光的基础定价低至 10 元，外卖商家可以在此基础之上，进行竞价推广，力争获得黄金时段的曝光资源。此外，外卖商家也可以结合自身的实际情况，按照需求设定每日的投放预算，在指定时段内消耗完就行，有效控制投放成本。

“望湘园鱼头王”某店进行了为期10天的品牌展位投放，总计消耗成本800元。按照基础定价计算，该店平均每天最多能够获取8000次左右的曝光量。扣除竞价因素的影响之后，依然具备极高的投入产出比。

按照其年销售量来看，平均每10天能售出25000条左右的产品，订单量阶段性对比上涨5%（如图2-20所示），也就是1250条鱼。用800元的投入，获得1250份产品的额外销售，平均每一份的成本不足1元钱，性价比极高。

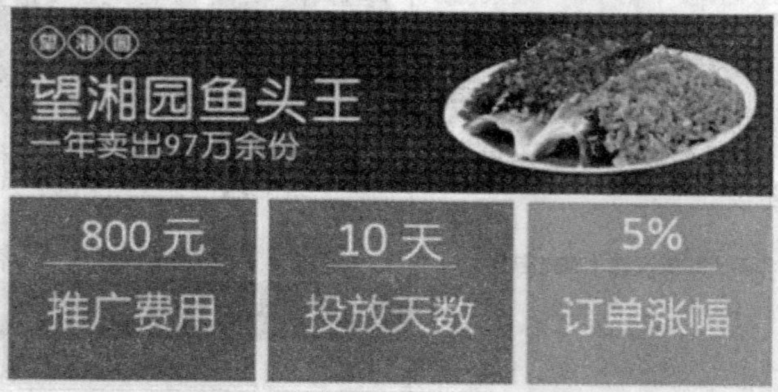

图2-20 望湘园鱼头王投放详情

品牌展位目前只能通过饿了么商家版的电脑端进行设置，店铺配送范围内的目标顾客都在其覆盖范围之内。需要注意的是，截至2019年3月，品牌展位只在全国92座饿了么的直营城市开放，外卖商家在参与之前一定要了解相关情况。

此外，当多个外卖商家设置的时间段、人群和出价均相同时，平台将采用随机轮播的形式加以曝光；当时间段、人群相同，而出价不同时，单价高的优先。在有效时段内，单价高的商家预算消耗完毕后，替补广告位上线，以此类推。

有理由相信，随着饿了么平台首页千人千面展示逻辑的不断完善，首页会渐渐成为店铺流量的主要来源。外卖商家在积极参与首页活动的同时，还要注意尽量提升店铺的综合质量分，这是在各类活动中脱颖而出的关键所在。

五、营销活动：根据利差，制定合理的营销活动

随着各外卖商家对流量的重视程度不断提升，常规流量入口的竞争日趋激烈。为了突出重围，很多外卖商家都将目光投向了饿了么平台推出的一系列营销活动，希望找到新的流量突破口。

既然是营销活动，自然意味着需要投入成本。赚钱从来不是一件容易的事情，谁也不希望辛苦赚来的血汗钱打了水漂。那么，如何才能用最低的成本，换来最高的曝光？这个问题困扰着无数外卖商家。本节将对平台上两种较受欢迎的营销活动加以分析，希望能让外卖商家们找到问题的答案。

1. 品质联盟

品质联盟是饿了么 App 首页的重要流量入口之一，饿了么联动了支付宝和手机淘宝等多个大流量平台，主打“品质升级、价格亲民”的主题，为顾客打造“好吃不贵”店铺的快捷入口（如图 2-21 所示）。

作为平台热推的商家活动，品质联盟利用红包强势导流，在饿了么 App 首页、支付宝和微信红包这三个百万级流量入口均有展示。当顾客成功领取品质联盟的红包之后（如图 2-22 所示），将直接跳转至会场，让活动热度持续升温。

图 2-21　品质联盟在各个客户端入口

图 2-22　品质联盟专属红包

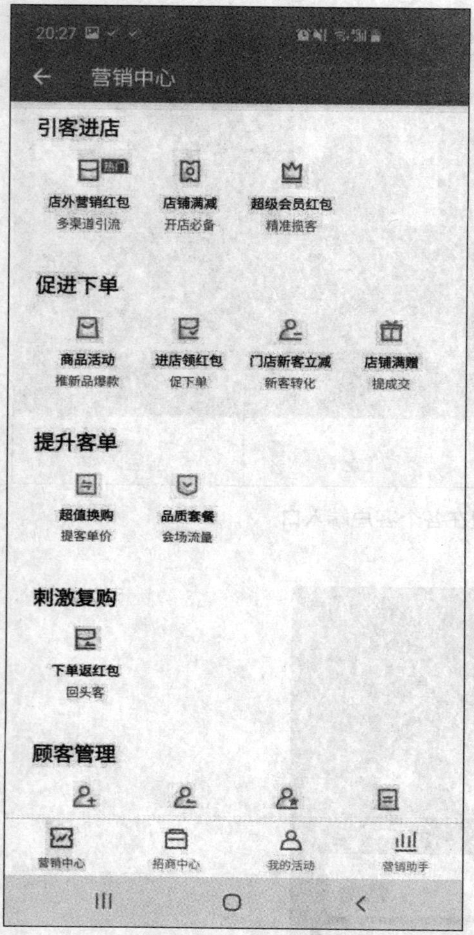

图 2-23　选择店外营销红包

外卖商家可通过设置店外营销红包，进入品质联盟会场，有效吸引顾客。在为店铺带来庞大流量的同时，也会对店铺首页的排名情况有所影响。在同品类餐厅竞争愈发激烈的今天，顾客自然愿意为更好的用餐体验买单。加入品质联盟的外卖商家，除了可以提高流量和竞争转化率，还能提升顾客的信任值和好感度。

具体的设置步骤为：店铺管理—营销中心—店外营销红包（如图 2–23 所示），设置红包金额（建议 3 元以上）。

与普通红包不同，品质联盟专享红包可谓千人千面。基于饿了么平台强大的数据分析能力，品质联盟能够为不同顾客给予不同的优惠力度，既能有效促进订单的转化率，又能为商家节约成本。

以外卖商家设置红包金额 3 元为例。平台对于那些对价格敏感的顾客，将自动补贴扶持，为商家的红包加码，让顾客领取到 5 元红包，促进顾客下单的决心，将流量有效转化为订单，而商家的成本并不会发生变化。那些对价格不敏感的顾客，领取的红包金额将是 2 元，这样一来，每个红包就能为商家节省 1 元成本。

“和记小菜”很早就加入了品质联盟活动，通过多次活动总结了自己的心得，用极低的成本换来了较好的收益。在他们看来，品质联盟的认证能够让自己树立高标准、高质量的店铺形象，在顾客中拥有较高的公信力，能够为店铺带来十分可观的流量。

与此同时，品质联盟6元的大额红包，配合店铺的满减政策，顾客在每一单中都能得到相当大的优惠，这对顾客来说很有吸引力，也确保了流量的有效转化。

打铁还需自身硬，如果菜品的质量无法保证，顾客在消费过一次之后便会流失。“和记小菜”原本的定位便是“专注家常本味”，他们对菜品有着较高的品质要求，并得到了顾客的广泛认可，这也让他们获得了高达4.8的平台评分（满分为5分）。顾客的满意度高了，复购率自然也会提升，形成了导流—转化—复购的良性循环，最终为他们带来了月售5000份以上的订单量。

在顾客的外卖消费中，优惠能够起到的只是一个促进作用。真正能让流量和订单源源不断的，还得是优质的产品和服务。这正是品质联盟的初衷——扶持让顾客放心的店铺，打造让顾客满意的平台。因此，商家在加入品质联盟之后，还要确保店铺产品和服务的质量，不断提升顾客的消费体验，这才是外卖商家的长久之道。

2. 竞价推广

竞价推广是饿了么平台的一项精准营销工具。商家以付费竞价的形式提高店铺在平台首页的曝光量和流量，以此提升排名、提高订单量。

竞价推广根据点击次数收费，由商家自己设置单次点击的价格（0.1 ~ 4

元之间）。商家可通过饿了么商家版（电脑端）进行设置（如图 2-24 所示）。

图 2-24　竞价推广通过饿了么商家版（电脑端）设置

低投入、高收益，通过提高曝光率，最终增加订单量。想必这是每个外卖商家参与竞价推广的初衷，然而此时商家就不需要再做什么了吗？当然不是。我们首先需要充分了解和掌握竞价规则，才能不断优化竞价策略，进而获得最好的回报。

（1）对手调研

外卖商家通过查询所在区域同品类商家的订单月销量，或者直接咨询负责的市场经理，预测自己所能达到的最高订单量。

如果你的店铺主营的菜品是炸鸡，在搜索“炸鸡”并选择销量排序之后，发现第一名为华莱士炸鸡，月订单是 6410 单，日订单约为 213 单。此时，你就可以预测自己所能达到的最高日订单为 213 单。

（2）调整竞价出价

每个外卖商家的最优出价强度不尽相同，需要反复地测试和调整。给大家介绍一个小技巧，你只需要将出价强度调整到能够让店铺每天都位列高峰期排名列表就行，没有必要盲目追求排名的较高位次，这样能够有效避免盲目出高价造成资金浪费，也不会因为出价过低而失去曝光的机会。

出价时，可以充分参考系统给出的建议，并根据自家店铺的运营节奏，不断调整出价方案。此外，外卖商家还要合理使用定向出价功能。如果每日预算设置过低，就会导致还没有实现预期的引流效果，就因预算不足自动停止推广。

我们建议新入驻的外卖商家将日预算设置在 50 ~ 100 元之间，后期再根据自己的实际情况进行调整。设置好出价和预算后，还要记得留意账户余额，以免因账户余额不足造成推广中断。

不知你是否思考过这样一个问题：同样是竞价推广，为什么明明出价相同，你的排名却一直比不上竞争对手？之所以会发生这种情况，很大一部分的原因，在于你忽略了一个非常重要的因素——店铺质量分。

商家在竞价推广中的排名，主要是由店铺价值决定的，而店铺价值 = 出价 × 店铺质量分（如图 2-25 所示）。

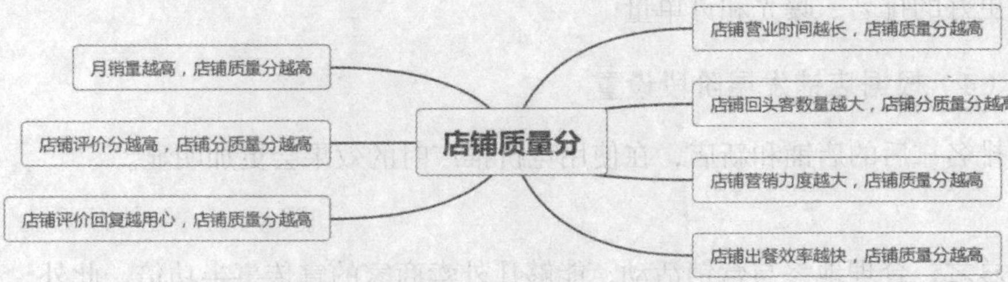

图 2-25 店铺质量分影响因素

举个简单的例子，比如 A 店的出价强度是 1 元，店铺质量分为 8 分，则 A 店的店铺价值 =1×8 = 8；B 店的出价强度是 1.5 元，店铺质量分为 7 分，则 B 店的店铺价值 =1.5×7=10.5。两相对比，B 店的店铺价值高于 A 店，因此 B 店的竞价排名就会更加靠前。

3. 投放时间的设置技巧

（1）根据预算设置

如果你的预算充足，不妨全天投放，争取获得最大的曝光量；如果你的预算有限，便可以选择只在订餐高峰期投放，节省更多的成本。

（2）根据店铺品类设置

如果你的店铺主营的是正餐，既可以选择全天投放，也可以只在下单高峰期投放；如果你的主营产品是下午茶，不妨选择只在午后时段和晚间投放；至于夜宵，当然应该选择在夜间集中投放，在节约成本的同时，订单转化率也会比白日投放高出许多。

（3）高温、雨雪等特殊天气

如果你的订单原本就比较多，那便可以在特殊天气时减少或停止投放，避免爆单情况的出现；而订单偏少的商家，则可以把握机会，用更低的投入争取更好的排名、曝光和订单量。

（4）根据店铺发展阶段设置

排名靠后的店铺和新店，在使用竞价推广时的效果会更加明显。

总之，合理地参与营销活动，能够让外卖商家的宣传事半功倍。此外，商家在积极参与活动，增加曝光率的同时，也要注重自家店铺的美化和菜单的优化，以实现更高的转化率。

六、阶段性流量：顺应平台和行业方向变化

任何一个商家的发展，都离不开平台的帮助与扶持。作为外卖平台，饿了么长久以来的努力方向，便是最大限度地满足商家和用户的需求，为用户提供最优质的服务，帮助商家将店铺发展壮大。

为了实现这个目标，饿了么一直在不断优化和改进，除了常规和固定的营销活动之外，还会针对市场需求，适时地推出一些大型平台活动。比如，外卖“双 11”，支付宝外卖节等。

有些外卖商家可能会认为，参与这些活动需要付出红包、折扣等优惠，会影响自己的盈利。实际上，这些活动的目的是增加用户对平台的使用度和黏性，提高成单转化率以及顾客在商家的消费数量，不但不会影响商家的利润空间，反而会为其带来丰厚的回报。具体而言，大致有以下三大好处：

第一，获得额外的曝光。借助平台的大力推广，参与活动商家的影响力和订单量都会得到有效提升。

第二，店铺排名的优先权。在活动期间，平台会给予参与活动的商家一定程度的排名优先权。商家可以获得更多的顾客关注，有效吸引大批新顾客。

第三，活动提供的优惠政策，能够刺激顾客的消费欲望，从而提高购买率和复购率，并让顾客在消费时，愿意花比平时更多的资金，从而提升客单价。

对于新店铺来说，这些活动是积累流量、打响品牌知名度的绝佳时机；

而对于老店来说，则是提升店铺活力，进行阶段性突破的好机会。下面，就让我们简单了解饿了么平台上的几个阶段性活动。

1. 支付宝外卖节

2017 年 12 月，饿了么平台联合支付宝共同打造了“支付宝外卖节”。在支付宝的主页功能入口和中部的宣传海报上，都增加了饿了么平台和支付宝外卖节的相关元素。与此同时，平台自媒体和线下宣传端口，也都对该活动进行了不遗余力地推广，形成了全方位的曝光效应。

在活动期间，顾客可以在支付宝的口碑界面，点击饿了么选项，领取支付宝外卖节红包；也可以在饿了么平台，点击活动海报直接获取。顾客可以用获得的红包，在参加该活动的商家中进行消费。

该活动一经推出，便激起了广大商家和顾客的参与热情，取得了非常不错的曝光量。在亿级流量平台的加持下，许多参与活动的外卖商家都实现了外卖订单量的大幅增长（如图 2–26 所示）。

图 2–26　支付宝外卖节中各地代表商家的订单增长情况

2. 外卖“双 11”

经过十多年的发展，“双 11”已经成功演变为一场全民狂欢的购物节，为了抢占流量，各个平台都推出了许多创意玩法，饿了么也不例外。

2018 年 11 月，饿了么平台借助“双 11”购物狂潮的东风，全力打造了外卖“双 11”促销活动。自 11 月伊始，饿了么 App 便对活动进行了大量预热宣传，还推出了新会员 1 元购、赠送红包等一系列优惠活动。

据相关数据统计，2018 年 11 月 11 日当天，饿了么平台的销售业绩出现了大幅上涨。其中，烤串、咖啡及麻辣烫的销量分别达到 21 万、10 万以及 9.3 万单。许多参加到活动中的商家都取得了非常不错的成绩。比如，在外卖“双 11”活动首日，百果园在饿了么 App 内的搜索量就超过了百万，家乐福、每日优鲜等商家也都表现不俗（如图 2–27 所示）。

图 2–27　饿了么外卖“双 11”活动的部分成果统计

3. “女王狂欢节”

2019 年 3 月，饿了么推出了“女王狂欢节”活动（如图 2–28 所示）。

图 2–28　饿了么“女王狂欢节”活动

除了在App上推出红包抽取和其他优惠活动之外，还和阿里旗下其他平台的“女王狂欢节”活动形成了互通和合作。活动期间，通过口碑、淘宝、天猫以及支付宝的外卖链接界面，都可以直接参与饿了么的“女王狂欢节”活动（如图2–29所示）。

图 2-29　饿了么在“女王狂欢节”时与其他平台渠道联动

这种平台联动的方式，将多个现象级流量平台串联在了一起，带来了更多的流量和更高的曝光度，实现了多个平台的互利共赢。

以上，是饿了么推出的众多大型阶段性活动中的典型。自 2008 年成立至今，饿了么经历了十多年的发展历程，其间成功推出了很多大型平台活动。比如，“517 饿货节”“春季外卖节”等，在让顾客获得实实在在优惠的同时，也为众多商家提供了发展的黄金机会，成功地走进了大众视野。

当然，也有很多商家对外卖节不甚了解，不知应该如何参加。接下来，我们以“冬季外卖节”为例，详细介绍参加平台大型活动的具体流程。

第一步，确定自己是否满足报名条件（如图 2-30 所示）。

商户近30天订单（截止11月15号）	老店累计订单≥12单
	新店累计订单≥3单
	城市订单交易额前80%
商铺评分	≥3分
商户在架菜品数	≥7
商户营业天数	≥3天
说明：（以上条件仅限代理商城市商户） 该商户必须是饿了么配送商记，且近30天实付客单大于10元。	

图 2-30　2018“冬季外卖节”的报名条件

第二步，在饿了么商家版的手机端或者电脑端报名（如图 2–31 所示）。

图 2–31　“冬季外卖节”的手机端报名流程

第三步，也是最后一步。已经报名的商家，可以在“冬季外卖节”的红包界面，进行红包数额的设定和优惠规则的调整，以及活动的关闭（如图 2–32 所示）。

图 2–32　“冬季外卖节”活动的具体设置界面

学会了如何参加活动，并不代表就能够做好活动，你还需要掌握下面这些细节技巧。

首先，商家在参与活动时，对于优惠的设置一定要根据自己的利润空间和市场预期来决定。以平时的日均销量为基点，预测可能增加的销售量。在保证不低于基点的情况下，进行优惠设置，在活动的推进过程中慢慢调整。

其次，商家在参与活动后，需要根据活动的特点进行店铺装修，适时加入应景的元素，营造出让顾客下单的环境。

再次，活动期间，店铺的产品也要和活动形成呼应，加入活动套餐或者限时特供的产品，吸引顾客增加消费。

最后，在外送的产品中，还可以附上卡片之类的小礼品，并写上温馨或祝福的文字，赢得顾客的好感，提高复购率。

饿了么平台推出的各种资源活动，都是为了更好地帮助外卖商家进行战略推广，获得更多的订单。因此，我们一定要对平台的动向保持敏锐的嗅觉，积极参与平台推出的各种活动，把握住平台赋予的阶段性流量。要知道，你和竞争对手之间的差距，可能就在各种活动中慢慢拉大。

第三章

进店转化：好店铺要能够让顾客“一见钟情”

流量固然重要，但没有转化，再高的流量也毫无价值。流量转化就像谈恋爱，顾客就是你的女朋友，你要了解顾客的脾气、秉性、喜好，以及顾客的真实动机，让其对你一见钟情。然后，牢牢抓住顾客的心。

本章我们将分别从优化店铺形象、开通到店自取功能、规划时段性营销、调控活动力度和完善配送这五大抓手出发，告诉你提升进店转化率的奥妙所在。

一、"古腾堡法则"：影响进店的五大关键要素

外卖平台上的店铺众多，顾客在浏览店铺列表的过程中，目光停留在每一个店铺上的时间极为短暂。如果顾客没有在第一时间被你的店铺吸引，他自然就会略过你的店铺，将注意力投向你的竞争对手。这个说法听起来十分残酷，但却是铁一般的事实。你需要做的，是在顾客看到你家店铺的第一时间，抓住他的眼球，让他舍不得将目光移开，并产生进一步查看店铺详情的欲望。

可能会有外卖店主提出疑问："大家的店铺形象都差不多，怎么才能做到快速吸引顾客注意力呢？"别急，成功总是有方法，我们可以通过研究人眼球的运动规律来找到答案。相关机构的研究表明，人体眼球的移动轨迹趋向于由上至下、由左及右。通常情况下，左上角为视觉起始点，右下角则是视觉终点，这一规律被称为"古腾堡法则"（如图 3-1 所示）。

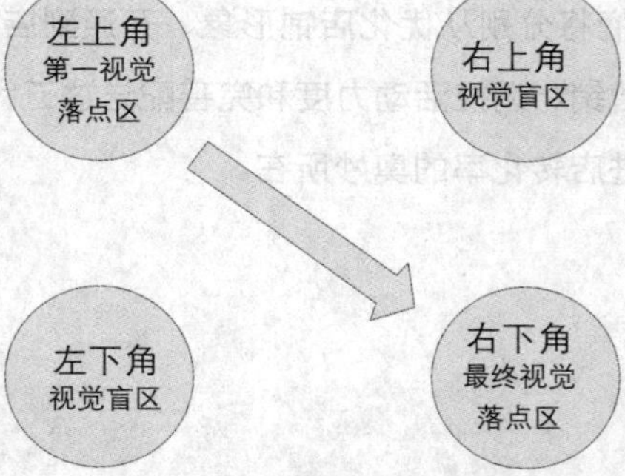

图 3-1 "古腾堡法则"

当你明白了“古腾堡法则”的神奇魔力，你就会掌握绝大多数顾客的浏览习惯：最先看店铺形象图，然后是评分、月销订单和配送（费用、时长、距离、方式），最后是折扣力度（如图 3–2 所示）。

图 3–2　顾客的视觉浏览规律

因此，这五个方面便是决定顾客是否进店的关键所在，以下将为你逐项解读。

1. 店铺形象

由 Logo 和名称等构成的店铺形象是店铺最重要的招牌。店铺形象图越是直接、醒目，就越能吸引顾客的目光，激发他点击进店的欲望。拥有一定知名度或是已有 Logo 的品牌，可以直接将自己的品牌 Logo 作为头像。如果你的店铺还没有设计 Logo 也别紧张，你完全可以将本店招牌的美食精修图作为店铺对外展示的形象图，如带有烟雾的热食图等。这种图能够让顾客产生代入感，让他产生食欲。

由良好的第一印象产生的信任感，在一定程度上有助于店铺促成交易。因此，对于店铺的外观设计，店主一定不能漫不经心，而应用心斟酌、精心设计。

2. 评分

对于相对陌生的顾客而言，店铺评分是他们衡量一家店铺产品和服务质量的重要指标之一。相比店铺的自我宣传，新顾客更信任其他顾客的评价和反馈。

因此，当你为店铺确定了形象图之后，有效提高店铺评分便成为下一个重点，这对提升进店转化率有着非同一般的意义。评分高的店铺不仅综合排名靠前，还会在好评优先页面靠前展示（如图 3-3 所示），获得更多的曝光机会。

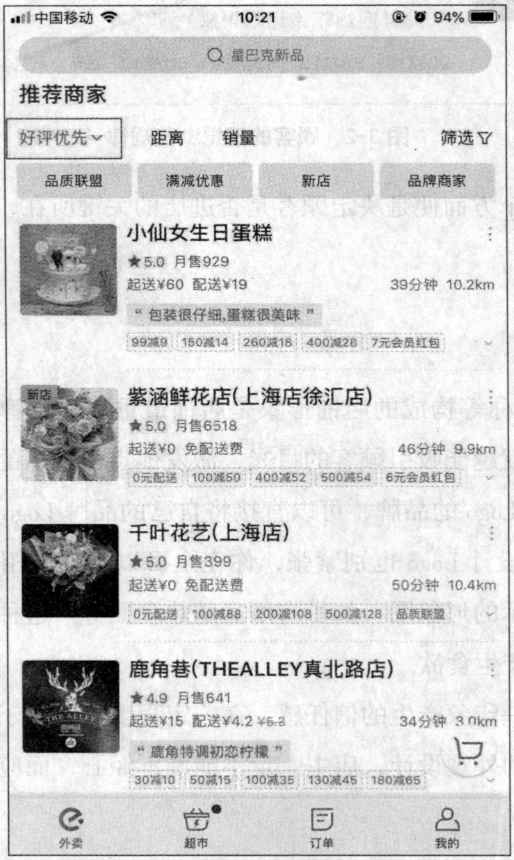

图 3-3 好评优先排序页面

饿了么的计分规则主要由四大部分组成，分别是配送评分、味道评分、包装评分和店铺评分。想要获取较高的评分，自然需要从这四部分入手，分别进行优化。

（1）配送评分

配送评分和配送团队息息相关。由平台配送的外卖店铺需要做的，就是与配送人员形成默契的配合，提前备单，到店即取。如果你的店铺选择的是自营配送，就需要组建相对完善的配送队伍，建立流程化的出餐配送机制，提高配送效率。

（2）味道评分

味道评分主要关联的是店铺提供产品的质量。菜品的安全卫生可是关系到顾客生命健康的大问题，容不得半点马虎。因此，外卖店铺需要对原料进行严格地把控，保证菜品的安全健康。在此基础之上，店铺还要建立起标准化的制作流程，确保菜品口味的一致，不会出现明显的偏差。除此之外，你还要根据市场需求的变化，不断进行产品创新，适应顾客的多种需求。

（3）包装评分

作为配送食品，外卖包装的优劣直接关系到顾客的消费体验。包装的使用，要根据店铺产品以及环境特点进行选择。比如，冬天应做好餐盒保温，汤汁多的菜品要最大限度地防止洒漏等。如果你能在包装环节让顾客感受到自己的良苦用心，除了能够有效提升评分，还能增加他的复购可能。

（4）店铺评分

店铺评分主要针对的是顾客对于整个店铺的观感和消费的整体体验，可以看作是其他三种评分的综合体。一旦其中某个环节出现问题，就会大大拉低店铺评分。需要注意的是，有些顾客会因为“事不关己”而选择不去评分。此时，店铺需要作出一些有效的提醒：

①单独开设一个菜品栏目，用真诚的话语打动顾客（如图 3-4 所示）。

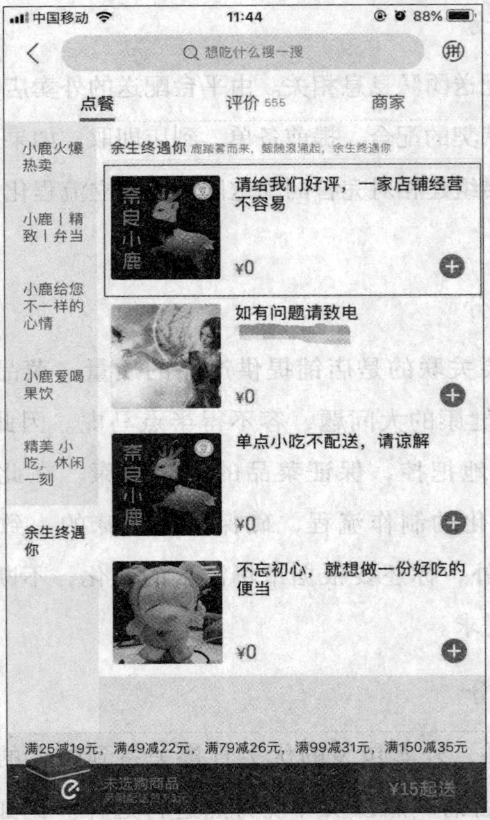

图 3-4　店铺单设栏目“求好评”

②打包外卖时，可以附上小贴纸，将其作为提醒顾客评分的媒介。店铺可根据自家品类选择贴纸的语言风格，可以是暖心的、感恩的，也可以走段子手路线。

③为了鼓励顾客将带图的好评截图发给店铺，你还可以用返现发红包的方式加以感谢。这种方法如果使用得当，你会发现在提高好评率的同时，还能让顾客成为你的微信好友，进一步提高顾客黏性。

④据平台大数据统计，每多一个评价回复，店铺就会在一星期内多二个

顾客。因此，你要重视每一条评价，无论是好评、中评还是差评，都要认真回复。尤其是差评，一定要做到100%回复，并提出顾客能够接受的解决或补偿方案。

3. 月销订单数

人们大多具有“从众心理”，饿了么平台上的顾客也不例外。他们会下意识地认为：越多的人去的店铺，越是值得信赖。因此，平台上月销订单量大的店铺，往往更容易受到新顾客的青睐。老顾客带来新顾客，新顾客转化为老顾客继续吸引新顾客，便会形成一个良性的正向循环，让你的店铺拥有源源不断的顾客。

如何才能快速提升店铺的月销订单数呢？以下三点希望能对你产生帮助。

（1）及时接单

店铺在顾客成功下单后，要及时接单并处理订单，尽量避免拒单情况的发生。如果出现问题，要及时和顾客、平台沟通处理，避免事态扩大化。

（2）及时配送

自配送店铺应尽量避免因配送范围过广、打包过慢、运力不足等问题导致的配送不及时，再好吃的饭菜，等久了总会让人失去胃口。

（3）重视客服

饿了么平台为广大店铺提供了完善的客服服务，很多顾客都会向平台反映自己遇到的问题。因此，外卖店铺要勤与平台客服交流，面对差评、投诉时也别回避，及时沟通才能化干戈为玉帛。如果确定责任是店铺造成的，如商品质量、配送等方面存在问题，店铺要及时向顾客表达歉意，并积极主动地承担顾客损失。

有些顾客在遇到问题时，可能会选择电联的方式，与店主直接沟通。此时，店主一定要心平气和地了解并解决问题。良性的沟通会平息顾客因各种问题产生的怒火，甚至变危机为转机，不仅“大事化小，小事化无”，还会因服务水平而赢得顾客的好感。

4. 配送

配送费用也是影响顾客进店转化率的主要因素之一。店铺在确保利润的前提下，可以通过补贴配送费的方式，吸引顾客进店。具体设置步骤为：店铺管理—配送设置—配送费补贴（如图 3-5 所示）。

此前提过，外卖店铺可以选择的配送形式有两种，一种是平台的配送服务，另一种是自营配送，两者各有优劣。

饿了么平台提供的是蜂鸟配送服务，制度健全，有完善的物流配送网络、强力的辅助设备和庞大的配送团队，能够最大限度地保证配送服务的高水平。相对自营配送来说，平台配送的使用成本更高；而自营配送虽然成本确实会低一些，但却很难保证配送质量。因此，店铺在选择配送方案时，要根据自身的具体情况，合理制订配送方案。

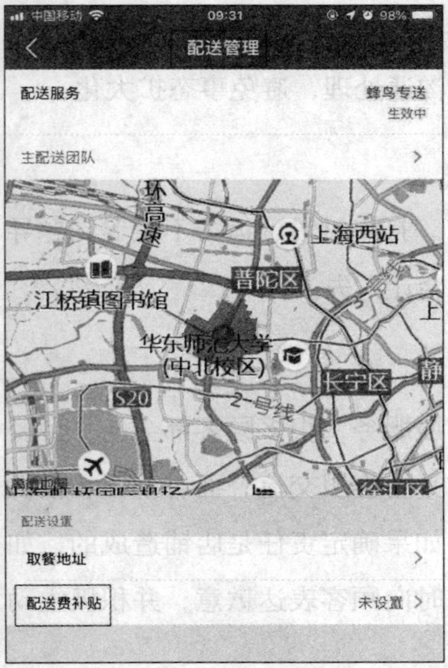

图 3-5　配送费补贴设置

如果你选择的是平台配送，首先，要确定配送的上限距离。一般的顾客在平台上选择店铺时，更倾向于 3 公里以内的近距离配送，在时间上也比较偏爱 30 分钟以内的短时间配送。

其次，配送费用要和配送距离形成合理的搭配。一般来说，距离越远，价格越高。很多店铺喜欢采用减免配送费的形式来吸引顾客，但在设置配送费补贴时，一定要考虑到自身的实际利润空间。赔本挣吆喝的事情不是不能干，只是这么做会难以长久。

选择自营配送的店铺，在配送质量不确定的情况下，建议直接免去配送费，形成竞争优势。除此之外，在配送团队的建设中，需要根据自己的订单情况和市场范围，来确定聘用人数。在招聘配送员时，也应尽量以熟悉环境的本地人为主。

5. 折扣力度

我们在第二章中介绍了一些平台常用的营销活动，店铺可结合自身情况考虑是否参加。营销活动多、活动力度大、性价比高的店铺，自然更受顾客青睐。店铺可在保有利润空间的基础上，尽可能加大折扣力度，让顾客看到实实在在的实惠，继而进店消费。

以上五点，是影响顾客进店的关键因素。只有将这五点融会贯通，让你的店铺没有明显的短板，才能保证前期为曝光所做的努力不是无用功，并为下一步下单转化做好铺垫。

二、Logo 和名称：让顾客对店铺“一见钟情”的首要元素

店铺标志（Logo）和名称是外卖店铺最直接的招牌，也是影响进店转化率的重要因素。好的 Logo 和名称，是一家店铺的无形资产。

与传统餐饮市场相比，外卖更依赖于线上。由于顾客无法亲身体验店铺的用餐环境与氛围，品牌形象的重要性就表现得尤为明显。如果不能在琳琅满目的店铺列表中，快速吸引顾客的注意力，便很难促使顾客点击，订单转化更是空谈。

因此，要想提高顾客进店率，就必须注意店铺 Logo 和名称的设置。

1.Logo

大学生和白领是外卖订单的主要来源，他们通常午休时间有限，并没有太多时间思考中午吃什么。在不了解店铺的前提下，Logo 经常成为左右消费选择的重要因素。

店铺形象的选择，在一定程度上也反映了店铺的用心程度和专业度。在处于同一页面的店铺中，有的店铺形象是精心设计的品牌 Logo，而有的则是直接网络下载的图片，后者就很容易给顾客“路边小店，卫生堪忧”的第一印象，在顾客的下单概率上，也就产生了天壤之别的差异（如图 3-6 所示）。

图 3-6　店铺的不同形象图，会给顾客带来不同的观感

立意鲜明的店铺标志往往更有辨识度，利于其打造品牌。因此即使不使用 Logo，也应选用清晰、精美、让人食欲大发的店内招牌菜品作为形象图。

一个成功的 Logo 设计，会让人眼前一亮，并想要下单“尝一尝”。在设计 Logo 时，要使其符合品牌调性，并迎合潜在顾客的审美。加入新奇、好玩的设计元素，使品牌形象差异化，是吸引年轻人进店打卡的不二法宝。

比如，阿拉丁麻辣烫选用蓝色为Logo的主色调，在一众红、黑、黄的Logo中格外抢眼（如图3–7所示）。

图3–7 蓝色Logo的抢眼效果

根据平台统计数据显示，在一个特定区域内销量最高的店铺中，往往有80%会在店铺形象图的位置展示自家Logo，只有20%设置的是菜品图片。菜品图片之间差异不大，顾客很难区分并对其产生品牌印象。用精心设计的品牌Logo替换菜品图片，顾客的点击量将显著提高。

一般来讲，好的 Logo 应该具备以下特点：

（1）原创性和独特性

好的 Logo，往往原创性较强，更容易被顾客注意，并结合餐饮企业品牌特色，具有独特性（如图 3-8 所示）。

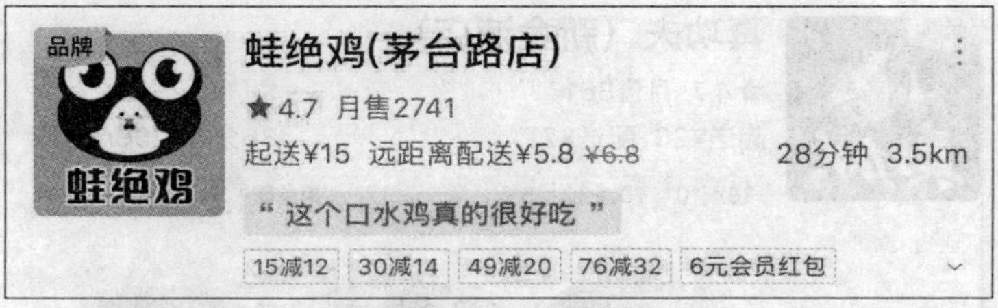

图 3-8　结合店铺特色的 Logo 示例

（2）美观

色彩和结构协调、鲜明，美观大方，形象生动。

（3）简洁实用

Logo 简洁大方，不要太复杂，适合在餐具、包装等处印刷。

（4）易识别

能够清晰准确地向顾客传递店铺的品牌定位，方便顾客记忆，并能让其产生好的联想。

（5）具有可读性

Logo 要与品牌名有关联，朗朗上口、清晰可读。

2. 名称

店铺名称是品牌建设的基础，一个好的名称不仅能在顾客心中形成深刻的品牌记忆，还便于搜索和传播，有助于实现“品牌效应”。

中国知名快餐企业真功夫快餐店，主打的是清蒸类产品，追求健康营养的饮食标准。真功夫中的“真”与“蒸”谐音，借由名字向顾客传递其追求健康营养的经营理念和主打菜品的特色（如图 3–9 所示）。

图 3–9 真功夫快餐店的店铺形象展示

以下技巧或许会对店铺取一个好店名有所启发：

（1）谐音

店铺可将店铺主营菜品，融进谐音的词语或成语中，在加深顾客印象的同时，也能彰显自己的特色。例如，“芝根芝底”“动力鸡车”“串意十足烧烤店”等（如图 3–10 所示）。

图 3–10 运用谐音技巧的烧烤店名示例

（2）结合网络流行语

相比成语，网络用语更加直率活泼，容易让年轻顾客群体产生认同感。例如，“切果 NOW”（如图 3-11 所示）。

图 3-11　水果店名称融合网络流行语示例

（3）拟人化

拟人化的店名有助于提升顾客的代入感，为商品平添一份温暖情怀。例如，“妈妈烫饭”“街口阿婆老上海炸货铺”等（如图 3-12 所示）。

图 3-12　拟人化店名和 Logo 的配合

此外，饿了么平台在命名管理上，还有以下这些相关规范，提请外卖店铺注意：

禁止出现含店铺属性和认证定义，包括但不限于总店、分店、授权、认证等；禁止出现与“饿了么”品牌近似或关联字样，包括但不限于“饿了吧”“饿了”等；禁止出现其他平台名称；禁止出现任何营销活动名称，包括但不限于“优惠”“买即送”等；禁止出现任何带有引导性定语，包括但不限于“最好吃”“最正宗”等，包括广告法禁用词；禁止出现任何服务性描述，包括但不限于“只送 × × 地区”“只支持自取”等；禁止出现店铺实际不包含菜品；知名品牌店铺需上传相应营业执照，否则店铺名称及 Logo 禁止与知名品牌雷同或近似。

对于外卖店铺来说，Logo 和名称是最直接的招牌。在设计上多加用心，选取最能体现店铺特色并能吸引顾客的 Logo 和名称，是外卖店铺提升进店转化率的重要保证。

三、到店自取：促进线上线下有效融合的关键

Logo 和名称的打造能够为店铺带来更高的进店转化率，但流量的增加虽然可以提升店铺的盈利，也会对店铺的服务能力形成挑战。当进店的顾客数量超出店铺的服务能力的上限，就会不可避免地出现配送延迟、产品细节混乱等问题，到店自取便是解决这一问题的全新思路。

快节奏的都市生活，让点外卖成了上班族每日的必修功课。但如果顾客碰巧即将路过外卖店铺，或者顾客的住处离外卖店铺并没有多少距离，此时不妨让顾客选择线上下单、到店自取的方式。这样既可以为顾客节省配送费用，也能让这种全新的用餐场景，成为外卖店铺新的订单增长点。

到店自取是在长时间等待配送的顾客厌烦前、赶时间的顾客出门前、想要优惠的顾客下单前，帮助店铺提前吸引他们的利器。据饿了么平台的相关数据统计，自取功能上线仅一个月时间，上海地区便有 90% 的外卖店铺开通了该功能。

此外，饿了么平台首页还设有到店自取专属频道入口，为开通该功能的店铺提供流量资源扶持（如图 3–13 所示）。在搜索框筛选项中，开通到店自取的店铺，同样也能获得额外的曝光机会。

图 3-13　饿了么平台首页到店自取频道入口

图 3-14　到店自取平台合作方案

除了免费的流量资源扶持，0 配送费和超低的平台“费率”，也能有效降低外卖店铺的配送和经营成本。当然，最重要的还是缓解了店铺在用餐高峰期的尴尬处境。顾客可自行选择取餐时间，提前在 App 上下单，省去了相对漫长的等待时间。对于店铺来说，准备餐品的时间也更加充分，有了更多的时间可以用于堂食和外卖业务，直接带来了订单量和收益的增长。

店铺可通过饿了么商家版店铺管理—合作方案—到店自取进行设置，立即开通即可(如图 3-14 所示)。

在开通自取服务时，系统会默认其营销活动与外卖同步。外卖店铺可结合自身的运作情况，关闭或修改某些营销活动内容。操作路径为登录饿了么商家版店铺管理—我的活动—活动通用设置—到店自取，进行自定义设置。

需要注意的是，如选择关闭到店自取的营销活动，顾客将不再享受包括满减活动在内的一系列优惠，相应提示会显示在订单结算界面（如图 3-15 所示）。

图 3-15　订单结算界面显示

另外，到店自取并享受满减活动的订单，优惠金额需扣除平台补贴部分。比如，某店铺将满减活动设置为“30 — 12”，平台补贴 2 元，那么该店铺在外卖配送中所享受的满减活动是“30 — 14”，到店自取活动则是“30 — 12”。

在到店自取功能设置中，不享受平台扶助补贴的活动详见下表（如表 3-1 所示）。

表 3-1 到店自取活动中不享受平台扶助补贴的活动

活动类型		外卖优惠补贴	到店自取优惠补贴
活动	满减活动	店铺 + 平台	店铺
	特价	店铺	店铺
	新客首单立减	平台	无
	折扣	店铺	店铺
	满赠活动	店铺	店铺
	超级会员折扣活动	平台	平台
	超级会员店铺券	店铺 + 平台	店铺 + 平台
红包	店铺专享红包	店铺	店铺
	超级会员无门槛红包	平台	平台
	品质联盟红包	店铺 + 平台	店铺 + 平台
	超级会员首单红包	平台	无

我们强烈建议，店铺将自取营销设置与外卖保持同步，这样有助于店铺流量和订单转化率的持续提升。对于看重性价比的顾客，还可以通过给予折扣或优惠红包的方式，鼓励其下单。

已开通到店自取功能的店铺，不但可以拥有平台扶持计划的优先参与权，还能够综合其他营销活动共同进行，增加订单量。除了以上优势，到店自取也是一个将线上线下有效融合起来的好机会，可参照以下做法：

1. 外卖店铺可以在线下实体店内，放置附有二维码的桌贴、海报和台卡等。在为线上引流的同时，再度推广到店自取活动。

2. 外卖店铺可以在实体店前，摆放附有店铺二维码的易拉宝，向到店顾客或路人推广饿了么到店自取服务，为线上门店引流。

3. 配送订单也是外卖店铺推广到店自取活动的高效媒介，可将饿了么二维码打印在给顾客的配送订单上。

最后，需要提醒各位外卖店主，时刻保持实体店面的环境卫生，力争为到店自取的顾客留下好印象，为其再次下单做好铺垫。

四、时段性营销：提高顾客进店欲望的不二法门

Logo 和名称的设计是从视觉感受方面吸引顾客，到店自取模式则是从消费体验的角度加强进店转化，但对于顾客来说，更直接的吸引力还是来自营销活动。

外卖既然属餐饮行业，自然遵循着其特殊的运营规律，销量会受到明显的时间限制。在一天 24 小时当中，大多数店铺真正有效的营业时间，只有早中晚三个时段。营业时间极其受限，竞争却日趋激烈，在这样的大背景下，要想提升进店转化率，就必须充分利用有限的经营时间。根据时段差异带来的需求变化，采用各种针对性的营销方案，便成了许多外卖店铺的不二选择。

1. 日常时段营销

顾客在日常不同的就餐时段，选择的外卖产品类型会有所区别。比如，经营粥铺的店铺在早餐时段最受欢迎；经营简餐的店铺在午餐时段迎来高峰；而经营火锅、烧烤等兼具聚餐与休闲功能的店铺，在晚餐时段的表现则最为抢眼。

不同的产品，在不同的时段代表着不同的消费热点。选择多品类经营的店铺，要根据自身产品和主要消费人群的特点，在不同的时段推出适宜的产品。比如，像“田老师红烧肉”，在早餐时段主打油条、粥、包子等食品，

而在午餐时段则是以简餐为主。

单品类经营的店铺，可以调整经营时间，在高峰期发力，既能集中人力、提高效率，又能节约成本。比如，像一些专营夜宵类产品的店铺，白天一般不接外卖业务，而是以堂食和外带为主，到了夜间才是它们的主场。

2. 节日营销

受到传统文化的影响，在某些节日期间，人们会通过食用某种特定的食物来实现或寄托某种情感。针对节日时段推出的营销，是一种主打情感牌的营销方式。将营销活动和节日氛围巧妙结合，让顾客产生情感代入，能够获得盈利与口碑的双丰收。节日营销主要依托于线上，可适当安排线下活动与之配合。

店铺在进行节日营销时，可围绕以下四个关键词展开。

（1）提前预热

启动节日营销的时间点很关键——过早启动，顾客容易忘记，过晚则可能导致顾客错过参与时间。提前几天通过店铺公告、短信或公众号等方式触动顾客，告知其活动信息，让顾客提前准备并心怀期待，是一种较为理想的预热状态。

（2）情感诉求

在不少都市人眼中，节日是表达情感的一个好时机。因此，外卖商家可以借用某些特定的节日契机，为商品设计一个“情感点”，让顾客与其产生共鸣，从而提升到店转化率。比如，推出主打养颜润肤的“女神节”套餐和主打浪漫优雅的情人节法式套餐，都是巧妙迎合节日氛围的好方式，运用得当可以大幅提升店铺订单量。

（3）物质利益

促销、打折、随餐附赠小礼物等，是赢得顾客好感最直接的方式，节日时段营销也不例外。结合特殊节日，附赠合乎时宜的小礼物，能够给顾客意外的惊喜，让顾客对外卖店铺的好感度激增。比如，平安夜送平安果、情人节送巧克力等小礼品，都会让顾客对你的店铺赞不绝口。需要注意的是，礼品的选择也是一门学问，既要有创意，也要控制成本，不可过于随性。

（4）持续性

如果外卖店铺仅仅将节日营销视为节日当天进行的营销活动，便只是个时点性营销，维持的时间最多七天。而如果将节日看成一次事件，便有了从节前序幕到节日高潮再到节后谢幕的周期。

那些收效甚微的节日营销，通常都是外卖店铺临时出招的游击战，而成功的节日营销通常提前两个月就开始策划，提前一个月拉开序幕，因为这需要借助平台和渠道的力量。做好团队内部的反复推敲与磨合还不行，关键还得做好和平台的沟通与协调。

需要提醒大家，好的节日营销一定是连贯的、可持续的。你需要做的，是将节日营销作为品牌营销的一个节点，做好活动复盘，为后续有计划的节日营销做参考，准备好长期投入和经营。如果仅是昙花一现，则无法真正实现店铺的营销意图。

此外，店铺在进行节日营销时，在节日的选择上应有所侧重，应重点从顾客的参与度、节日的情感特性与自家产品的融合等方面进行衡量。避免逢节就做活动。情人节、万圣节、圣诞节等具有顾客广泛参与度和娱乐性的节日，比较适合开展活动。

在活动策划时，要多从顾客角度出发，多考虑参与者的体验和感受，确保顾客易于理解并接受。某些店铺为了博眼球，不惜打情色内容等擦边球，这样无下限的营销只会伤害顾客感情，严重损害品牌形象，应当尽量避免。

3. 特定场景营销

特定场景营销，就是根据特殊群体在特定时段的消费需求，挖掘一定的特殊场景，为其提供专属服务，从而形成特定时段下独一无二的竞争力。淘汰郎火锅在这方面的做法值得大家借鉴。

伴随时代的发展，都市人群的工作和生活节奏日渐加快，许多劳累一天的上班族在下班回家之后，都希望能够在家里吃上一顿热气腾腾的火锅，排解一天的紧张心情。在洞察到顾客的这个特定需求之后，淘汰郎火锅推出了适合一到两人食的外卖小火锅，并将其打造成为一小时内“随叫随到”的新概念快餐，也因此在火锅品类中脱颖而出，成为小火锅外卖市场的翘楚（如图 3-16 所示）。

图 3-16　淘汰郎小火锅套餐示例

由于顾客在不同时段下的消费需求存在着明显的差异，这就要求外卖店铺在不同时段中，有针对性地解决顾客的特定需求，对于一些外卖店主来说难度不小。为了更好地帮助店铺进行时段性营销，饿了么平台在 App 首页的优惠专区，提供了“优惠日历”的活动入口。此举为许多外卖店铺带来了明显的进店流量，颇受店主和顾客的欢迎（如图 3-17 所示）。“优惠日历”目前只在部分城市开放，已开放城市的外卖店铺可以在饿了么店铺版进入营销中心，点击套餐日活动报名。

图 3-17 “优惠日历”入口

在“优惠日历”中，平台会在特殊时间为顾客提供统一的优惠活动，外卖店铺可自行报名参加，符合条件的菜品将获得展出的机会。在一天的不同时段中，“优惠日历”展示的侧重点也有所区别。比如，早餐时段主要集中推介早餐，午餐时段则以午餐菜品为主。在主页显示上，也会以早餐、午餐等字样，对顾客提供方向性指引。

简单来说，“优惠日历”其实是通过图片和文字，构建了一种场景化的消费渠道。在特定时段进入平台的顾客，会受到这种场景带来的强烈心理暗示，大大提升进店消费的可能性。在入围“优惠日历”后，外卖店铺还能通过活动，增加曝光的入口，获得更多的曝光机会，预期的曝光量提升可达 10% ~ 30%。

需要注意的是，符合平台逻辑的报名店铺，方可入选“优惠日历”活动（如表 3–2 所示）。

表 3–2 “优惠日历”的平台逻辑

日期	名称	平台逻辑
周一	套餐日	推荐 5 折（及以下）套餐
周二	小吃甜品日	推荐该品类 5 折或高满减商品
周三	半价日	推荐 5 折优质单品
周四	商超水果日	推荐高满减商超、水果门店
周五	折上折	品质联盟设券优质店铺
周末	大牌日	推荐优质大牌店铺

（备注：活动规则截止至 2019 年 1 月份）

比如，专注港式外卖的“港岛记”叉烧饭，在报名参加“优惠日历”之后，将原价为 45.5 元的“叉烧腊肠双拼饭＋手工拉奶茶”套餐，价格调整为 19.9 元。这样一来，便符合了“优惠日历”周一套餐日的两个逻辑——“套餐”和“5 折以下”，成功入选了“优惠日历”活动，从而获得了更多的曝光机会。

在成功入选后，外卖店铺还需要注意以下几点：

第一，打造优质菜品图。不清晰的菜品图或卡通图，很难引发顾客好感。因此，店铺在设置菜品图片时，要注意选择拍摄角度，优先选择光线好的图片，并尽量将套餐内全部菜品展示齐全。

第二，打造爆款标题。标题是吸引顾客的关键因素，想要赢得更多关注，就必须在标题上下足功夫。需要注意以下几点：套餐需展开菜品内容，抽象的概述会导致顾客无从选择；字数应控制在 15 字内，避免因字数过多使得标题内容折叠或换行，尽量避免形容词；尽可能标明规格，以避免因歧义带来的差评（如图 3–18 所示）。

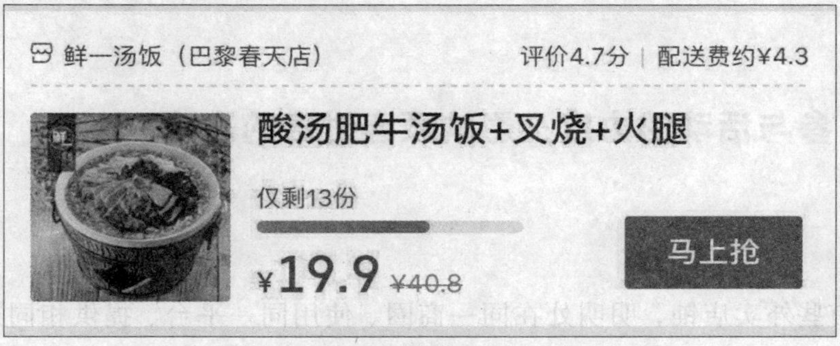

图 3–18 清晰明了的标题范例

第三，打造合理价格。据平台大数据分析，定价在 18 ~ 30 元之间的套餐销量最高。这便意味着，在成本可控的前提下，外卖店铺应尽量将参与“优惠日历”的套餐价格定在此区间之内。

五、参与活动的力度：影响顾客进店的态度

有些外卖店铺，明明处在同一商圈、使用同一平台、提供相同产品、做了相似营销，但外卖订单量和顾客数量却总存在着明显的差距，原因何在呢？究其根本，是因为在外卖消费中，顾客在满足需求的同时也会考虑性价比。

所以想要快速提升店铺的进店转化率，除了利用上节所述的时段性营销刺激顾客的进店欲望外，还可以通过参与一些平台活动，给顾客“最划算”的优惠，从而提高其进店消费的概率。毕竟，性价比是大多数顾客在消费时最为看重的因素。

在饿了么平台上，我们在每一家店铺的下拉介绍中，都能够一目了然地看到它们正在进行中的活动（如图 3–19 所示）。不同的店铺，选择的活动数量不尽相同，而活动数量往往和顾客能够获得的优惠种类挂钩。活动越多，顾客可以使用的优惠方式也就越多。

图 3-19　店铺优惠活动示例

与此同时，不同顾客对于优惠形式的倾向也有所不同。比如，有的顾客倾向于大额满减，有的顾客希望使用已领红包，有的则对特价折扣情有独钟。平台为满足不同顾客的需求，在店铺选择上设置了筛选功能（如图 3-20 所示）。开展更多活动的店铺，有更高的概率出现在筛选结果中，获得更高的曝光度，对提高顾客数量和订单量都能起到一定的促进作用。

图 3-20　店铺优惠活动筛选

店铺活动力度的差别，不仅体现在活动数量上，在具体的活动上表现得更为明显。比如，满减活动和超级会员等。

1. 满减活动

满减活动（如图 3-21 所示）是外卖店铺在饿了么平台上使用最为频繁、广泛的优惠活动类型，原因大致有以下三点：

图 3-21　店铺参与满减活动示例

首先，满减活动是平台进行店铺排位时考量的主要因素之一，满减优惠力度较大的店铺能够获得相对靠前的位置。

其次，很多顾客出于性价比的考虑，在消费时会格外关注满减活动，额度相对较高的满减能够激发顾客进店的欲望，从而提高进店转化率和订单量。

最后，因为满减活动需要顾客消费达到一定水平才可以触发，所以在一定程度上也能够提高客单价。

尽管更大力度的满减活动，能带给店铺更多顾客和订单量，但从利润的角度考虑，其力度也并非越大越好。只有在确保盈利的合理范围内，以相对较高的形式设定活动力度，才能实现利润和销量的平衡，达到营收最大化。

那么，店铺应当如何对满减活动进行设置比较合适呢？大致可以参考以下三点：

（1）全面分析

店铺在设计满减活动时，需要一定的理论依据做参考，包括自身顾客结构、同类型店铺优惠活动设置、整体和所在区域外卖市场环境等。

不同类型的顾客，对满减活动的需求肯定有所不同。新顾客往往更易被较大力度的满减活动吸引，而对于老顾客来说，满减活动更像是锦上添花，低额度的满减活动就足以保持其稳定性。此外，不同的职业和年龄，也决定了不同顾客的消费能力，店铺在设置满减活动时也要充分考虑到店铺的主要顾客群。

与此同时，对主要竞争对手和市场形势的分析，有利于店铺确立满减活动的合理范围及日后发展趋势。通常在同一区域经营同类产品的优质店铺，所使用的满减活动基本类似（如图3-22所示），店铺在设置满减活动时可以此为参考依据。

外卖市场的大环境，也影响着店铺的满减活动设置。在外卖市场活跃地区，可将满减活动作为吸引顾客的一个噱头，目的达成后，可以逐步降低额度。而在外卖市场相对冷淡的地区，满减活动是赢得更多顾

图3-22 同类型店铺满减活动对比示例

客的不二法宝，需要持续稳定地推进。区域市场内一旦出现活动的大幅度变化，店主也应注意，及时把握市场进程和潮流趋势。

（2）梯次设计

满减活动一般呈梯次设置，这样做的好处有两个：一是可以满足顾客不同消费需求；二是可以引起顾客凑单的欲望，提高客单价（如图 3-23 所示）。

图 3-23　店铺满减活动梯次设计示例

店铺通常可以将满减活动的梯次分为三级，以上海“阿香米线”为例（如图 3–24 所示）。

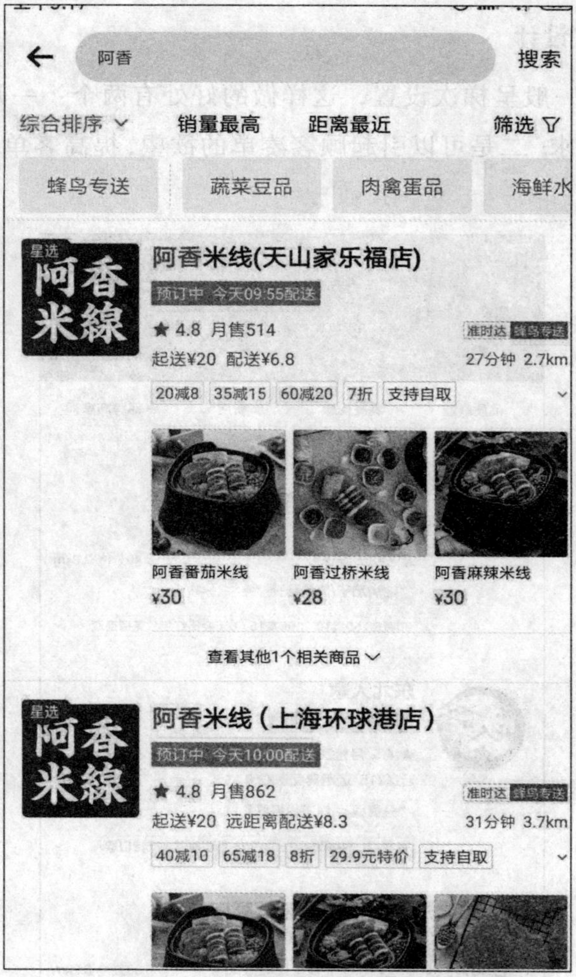

图 3–24　阿香米线满减活动

第一级适合单独点餐的顾客，满减门槛与起送价大致相当，优惠额度应该在 15% ~ 25% 之间。

第二级是在第一级基础上进行的升格，门槛稍高于客单价 15%，但同时优惠的力度也提升到 20% ~ 30% 之间。

第三级是为了促进多份点餐或拼单，满减的门槛大概是双人餐所需价格，虽然优惠额度依然在 20% ~ 30% 之间，但更高的触发标准会让实际优惠金额高于第二级。

尽管这种分级方法在数值对应上未必十分准确，但考虑到高于平均水平的配送费用，相对提高每一个梯次的满减额度也是正常情况。

（3）把控细节

顾客在店铺消费时，经常会为达到满减活动的门槛选择凑单，如果顾客费了很大劲也没能恰到好处地达成目的，将严重影响其消费体验。因此，店铺有必要提供一些小食、饮料和汤品等作为凑单产品。这类产品价格相对较低且利润空间较大，并能够准确地与正餐产品搭配，吸引顾客凑单的同时，也能够提升客单价和利润率。

除了准备凑单产品以外，活动的灵活性也必不可少。比如，在假期、节日等外卖消费量激增时，店铺可以及时调整满减活动力度，促进订单量的上升。

2. 超级会员

如果说，满减活动是饿了么平台店铺应用最广泛的活动形式，那么超级会员就是最高端的活动形式。所谓超级会员，就是针对外卖消费水平较高的人群推出的优惠活动，店铺可以通过设置超级会员专享券参与活动（如图 3–25 所示）。

图 3-25　超级会员设置流程

加入超级会员活动的店铺，能够获得 20% 的排名加权，有助于提升排名，增加曝光率（如图 3-26 所示）。除此之外，店铺还可以通过平台获得四大流量入口：首页、会员首页、红包兑换页以及店铺筛选页。

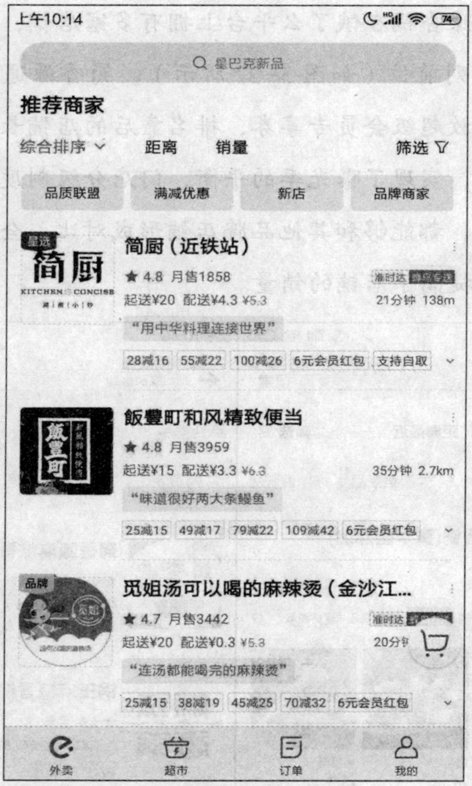

图 3-26　超级会员活动排名加权示例

截至 2019 年 3 月，饿了么平台注册的超级会员已超过 400 万。这些顾客的购买力远远超过了普通顾客，无疑是最优质的客户群体（如表 3-3 所示）。

表 3-3　超级会员与普通会员对比

	超级会员	普通会员
复购率	14 次 / 月	5 次 / 月
客单价	30 元	22 元
下单意愿	90%	70%

蜀香源麻辣香锅在饿了么平台上拥有多家店铺，在麻辣香锅品类搜索中也名列前位（如图 3-27 所示）。蜀香源通过让排名靠前的店铺定额发放超级会员专享券，排名靠后的店铺长期开放超级会员活动的形式，实现了曝光率的平衡，门店分级制度也使得店铺在不同页面区域，都能够和其他品牌店铺形成对比，全方位展示自己的优势，大大提高了店铺的销量。

图 3-27　蜀香源麻辣香锅的搜索排名情况

超级会员专享券金额的设置也有一定技巧，超级会员活动在店铺列表和领券中心的排名加权主要与红包金额相关。经营状况相近的店铺，红包越大，排名越高。对于超级会员来说，更大的红包可以激发起他们更强烈的消费意愿，提高其进店转化率。

饿了么平台对低于 4 元的红包，加权力度相对较弱，曝光度也有一定限制，而且没有加码操作。因此，超级会员红包的金额设置一般要高于 4 元，但具体金额还是要根据店铺的利润空间决定。

六、优质的出餐效率：店铺单量翻倍的秘诀

虽然优惠活动的数量和力度可以影响顾客进店的转化率，但如果出餐效率无法与顾客数量匹配，即便是活动带来了大量顾客资源，店铺也无法把握住机会。

对于外卖店铺来说，出餐效率差，意味着配送的延迟，影响顾客的消费体验，从而造成催单、退单、差评甚至投诉等情况。同时，也会造成复购率低、口碑差等问题，对顾客进店转化十分不利。

因此，外卖店铺想要获得订单量的快速提升，不断提升出餐效率是不可或缺的一步，大致包括以下四个环节：

1. 后厨设置

菜品的制作是整个外卖流程中最耗费时间的一个环节，想要提高店铺的出餐效率，进行合理的后厨设置是第一要务。首先，店铺要建立规范化的器具使用规则，各种烹制用具要按照既定位置摆放，能够做到即用即取。其次，打造流程化的工作方案，从接到订单到打包送出，中间要经历配菜、制作、出餐等三个环节，将各个环节无缝对接，形成固定且迅速的流程，可以大大提高工作效率。

类似麻辣烫这种需要在接单后再开始制作的产品，在出餐效率上存在天然的短板，但小蛮椒麻辣烫却通过后厨改造实现了高效出餐，也因此收获了较高的订单量（如图 3-28 所示）。

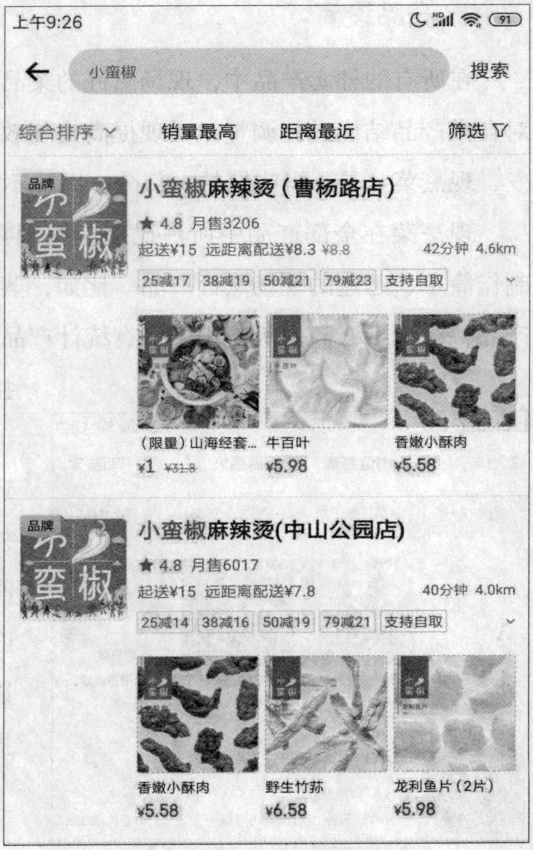

图 3-28　小蛮椒麻辣烫订单量示例

小蛮椒舍弃了堂食，将整个门店都设计成了厨房；工作人员接单、配菜、制作、打包都流程化进行，避免了无谓的走动，提高了菜品制作和出餐的速度；原料在加工厂就已经制作成标准的半成品，只需按照规定分量进行配菜，无须额外进行称重；而原料柜的设计，也是根据日常订单中的点餐率，由高到低进行摆放，方便工作人员操作。

除了规范化和流程化，店铺还可以通过打好提前量的方式，提高出餐效率。在订单高峰期到来之前，店铺可以提前备好一些平时较受顾客欢迎的小菜、冷菜等不需要即时现做的菜品，为后面的工作节省时间。

2. 产品设置

在所有的外卖产品中，现场烹饪的菜品制作最消耗时间，店铺可以通过对自家产品结构进行调整，实现提高出餐效率的目的。但是从顾客的角度出发，现烹菜又是不可或缺的一部分，因此不能完全舍弃。

现烹菜在全部产品中所占比例应控制在30%左右，同时可以加入部分制作简单、迅速的现场烹饪产品。比如，蒸菜一类。至于如何裁减不必要的产品，在饿了么商家版应用中，有统计产品销售情况的功能，店铺可以此直接确定热销和边缘化的产品。

除了精简现烹菜的种类以外，还要提高菜品的制作速度。对于外卖店铺而言，现烹菜的制作时间最好控制在5分钟以内，才能匹配订单高峰期的出餐速率。所以，原料的提前准备、半成品的提前加工也是十分必要的事情。

不同于其他外卖店铺“广撒网”的经营方式，梁小猴港式铁板炒饭的菜单上，主打的炒饭类产品只有18种，其中还包括两个爆款产品（如图3-29所示）。

图3-29　梁小猴铁板炒饭主打产品

菜品的精简，让梁小猴港式铁板炒饭的工作人员可以很快掌握制作流程，既能保证产品质量，又能提高工作效率。此外，简单的产品也使得原料的采买变得十分高效。为了提升出餐速度，梁小猴港式铁板炒饭还将产品制作材料和半成品的加工，放在午间高峰到来之前完成。这便意味着，工作人员在接到订单之后，可以直接配菜、烹制，这就节省了大量的时间。

3. 人员设置

不管是后厨设置还是产品设置，最终的执行者都是工作人员，如果人员工作效率低下，无论前期准备如何合理，也都是无用功。那么，店铺应该如何进行人员配置，提高工作效率呢?

（1）明确分工，各司其职

店铺根据自身实际需求选择聘用全职员工的人数，然后按照外卖流程，将员工分为订单、烹饪、打包三个组别，针对不同岗位分别进行培训。在订单高峰期，确保员工可以各司其职；在订单量不多时，空闲员工可以进行备菜和清理等工作，做到人尽其职，事尽其快。如果碰到节日或其他情况导致订单量激增，店铺可以通过聘请临时工的方式应对。

（2）提高工作效率

在三种组别之外，店铺可另外挑选一名经验丰富、责任心强的员工，负责监督和协调工作。在督促其他员工的同时，还可以在某个环节出现问题时，及时查漏补缺，保证工作流程的平稳运行，从而确保出餐效率。

4. 取餐设置

在订单高峰期时，多个配送员集中取餐的情况经常会出现，为了避免等待造成时间的浪费，合理的取餐设置也是提高出餐效率的有效途径。

店铺可开辟专门的取餐通道，设置专门的服务人员负责与配送团队对接，辅助配送员快速取餐。在提前准备好的顾客订单上，用醒目的标签进行标示，便于区分。

另外，尽量在配送员接单后与之取得联系，记录接单配送员即将到店的时间，然后按照时间顺序准备菜品，与配送团队之间形成良好的默契，到店即取。

第四章

下单转化：成交高于一切

外卖店铺不是慈善组织，开店的最终目的，当然是赚钱，这一点概莫能外。不管是吸引新顾客进店，还是让老顾客复购，真正能让店铺产生实实在在盈利的，都是让顾客下单的成交环节。换句话说，成交高于一切。没有订单，一切都是梦幻泡影。

影响顾客下单的因素有很多，本章就从店铺装修、菜品视觉、原材料公示、评分与评论、定价与活动、细节设计等六大方面，全方位解读顾客下单背后的玄机，助你拥有一家赚钱的外卖店铺。

一、良好的店内氛围：吸引用户围观并下单的先决条件

在很多外卖店主眼中，网络平台上的虚拟店铺基本大同小异，不具备实体店铺的环境与氛围，无法靠“颜值”吸引顾客。因此，他们往往忽视店内氛围的营造，随便找个模板一套了事。殊不知，这种做法是对店铺的不负责任，会让店铺陷入成交的极大困境之中。

大家不妨试想一下，如果你在点餐时，在平台上看到了经营同类型产品的两家店铺，一家装修精美，而另一家却敷衍了事，你会进哪家店铺消费？答案不言而喻。装修用心的店铺，会给人一种安全、高端、值得信任的感官体验，能够促进顾客的下单转化；而装修敷衍的店铺，则会在顾客心中形成一种不专业的直观感受，愿意下单消费的顾客自然也比较少。

店铺的整体形象，关系到顾客进店后对店铺的第一印象。只有优质的店铺装修和良好的店内氛围，才能促进顾客消费。店铺装修的要点主要集中在三大方面——店招、海报和橱窗，接下来就让我们一一阐述。

1. 店招

顾名思义，店招是外卖店铺的招牌，在页面上也处于最靠上的位置（如图 4–1 所示）。

图 4-1　外卖店铺店招示例（不包含中间 Logo）

外卖店铺可以通过饿了么商家版的手机端或者电脑端，在店铺装修界面的店内招贴选项，进行店招的设置和更改（如图 4–2 所示）。

图 4-2　店招设置流程

店招的选择一定要符合店铺的特点，既可以使用菜品的近景照片，让美食先声夺人；又可以使用线下实体店铺的真实景观，让顾客虽然人不到店，也能感受到店内环境的整洁卫生；还可以使用符合当下潮流的个性化图片，吸引年轻顾客的注意力。

无论使用何种店招，都必须遵循两大原则：第一，店招和店铺要有关联，不能是完全割裂的个体；第二，店招的色调、风格必须和店铺的 Logo、海报等保持一致。

汤先生汤馆的店招，选用的是具有代表性的鸡汤产品近景照片。除此之外，店铺还用文字的形式，表明了主营菜品的品类和特性，让刚进店的顾客在第一时间内，便能拥有对这家店铺的基本认知(如图 4-3 左图所示)。

图 4-3　店铺店招对比

店招的色调以餐桌的原木色为主，与 Logo 底部的黄色、产品的鸡汤色和海报的淡黄色相互映衬，给人一种井然有序的感觉。相比之下，右图店铺的店招基本没有任何设置，看上去空空如也，与汤先生汤馆的店招相比，视觉效果高下立判。

这种差距会在顾客的潜意识层面被无形放大，进而影响他的下单意愿。想通了此间的道理之后，你或许就能明白，汤先生汤馆为何能实现月销 1500 份，而右图的店铺却只有 50 份左右。

2. 海报

海报处于店铺页面正中最显眼的位置，不仅能够起到有效的宣传作用，还可以通过点击与另一个页面相关联，为店铺的相关活动提供快捷入口（如图 4–4 所示）。

图 4–4　店铺海报以及关联活动界面

海报的设置路径和店招基本一致，点击活动海报、选择新增，就可以设置或更改海报的图片、海报展示的时间范围、与海报相关联的商品（如图 4–5 所示）。

图 4–5　店铺海报设置流程

海报的上传路径有两种，一种是店铺自行制作并保存在手机或电脑中的图片，另一种是在线制作。店铺可以利用饿了么平台提供的主题海报模板，在其中添加文案和配图，制作形成完整的海报。

一张优质的店铺海报，需要具备四大特点：主题鲜明，有明确的利益点和行动点，图片与文字能够形成呼应，符合顾客审美。

（1）主题鲜明

主题鲜明，指的是海报要直截了当地表明自身存在的作用。比如，产品推荐、优惠活动、加盟信息等，要让顾客能够快速地了解相关信息，力争在最短的时间内，吸引顾客的注意力。

（2）明确的利益点和行动点

利益点指的是店铺要在海报中突显相关活动的优惠政策，让顾客看到实实在在的好处，以此激发他的下单欲望。

行动点则是指店铺可以在海报中加入催促消费的字眼或图像，进一步增强顾客下单的动力。

（3）图文呼应

图文呼应强调的是，在海报中文字和图像两种元素缺一不可，并能相互呼应。只有文字的海报会显得苍白无力，无法引起顾客的兴趣；而只有图像却没有配备必要的文字说明，容易让顾客对海报的主题产生误解，引起不必要的麻烦。

只有以图像吸引关注，辅以文字表达主旨，让二者在风格和色调上形成呼应，才能构成一张优质的海报。

（4）符合顾客审美

符合顾客审美，指的是海报的整体构图需要美观大方，针对店铺主要顾客群体的特点，选择不同风格但符合当下潮流的图片为底版，不能让顾客觉得别扭。

陈记状元拌面的海报，用大面积的文字内容直接点明了活动的主题——某种单品的5折优惠活动，主要的利益点一目了然。与此同时，海报中还点缀了卡通化的蔬菜图像，与文字说明及菜品插图形成了有趣的对比，卡通的风格也符合当下年轻人的审美。在配色上，海报主要采用了黄和绿的主体色调，既与店招和橱窗形成呼应，也符合产品自身的特点。

这样优质的海报设计，能让顾客在进店的第一时间，接受到优惠活动和主打商品等重要信息，让他在浏览产品列表之前，提前感受到活动的吸引力（如图 4-6 左图所示）。

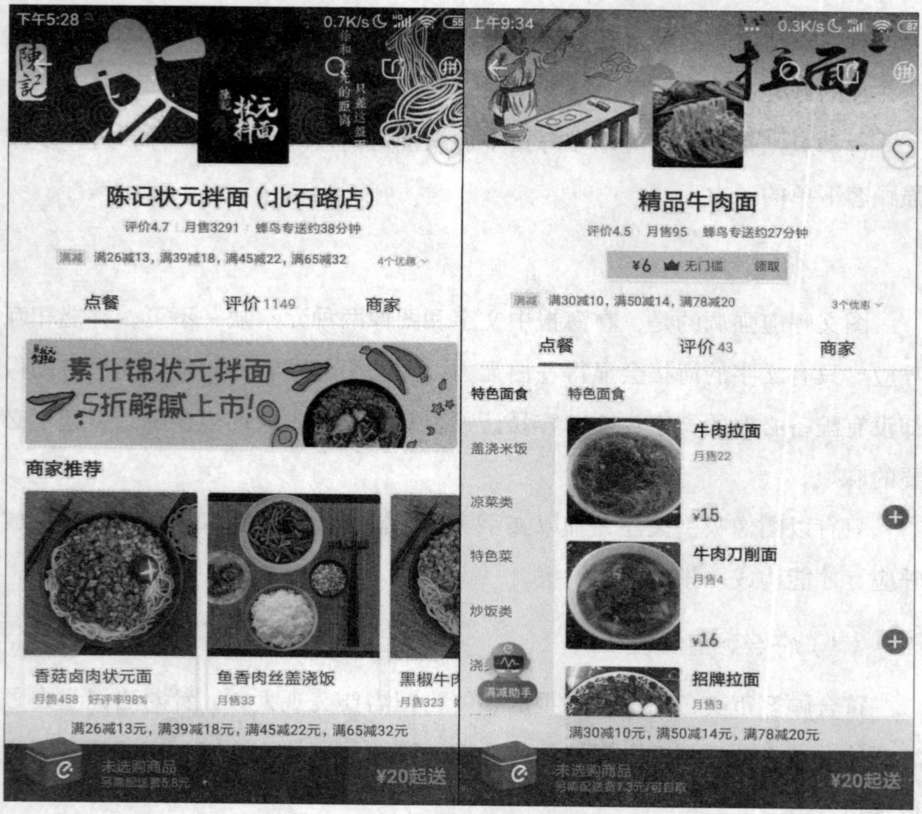

图 4-6 店铺海报对比

反观右图，这家店铺选择了不设海报的装修方式，进店的顾客只能从优惠活动的下拉列表和产品列表中，寻找吸引自己的活动和菜品。与“陈记状元拌面”的提前布局，激发顾客潜在需求不同，右图店铺的做法是不加引导，让顾客自主选择。从营销学的角度来说，孰高孰低，不言自明。

3. 橱窗

橱窗位于海报的下方、产品列表的上方，通常用来展示店铺的爆款产品或是主推产品（如图 4–7 所示）。

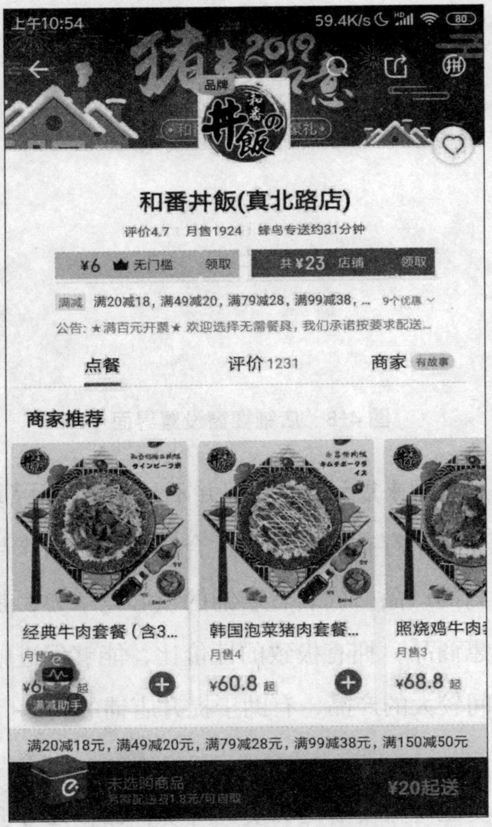

图 4–7　店铺橱窗展示位示例

店铺可以使用饿了么商家版电脑端进行橱窗的设置。你既可以在门店选项的店铺装修界面，点击爆款橱窗进入设置界面，根据自己的需求，对橱窗展示的商品进行调整或新增（如图 4–8 所示）；也可以自行修改橱窗背景，在三种备选方式中：空白背景、系统预设背景和自选图片背景任选其一。

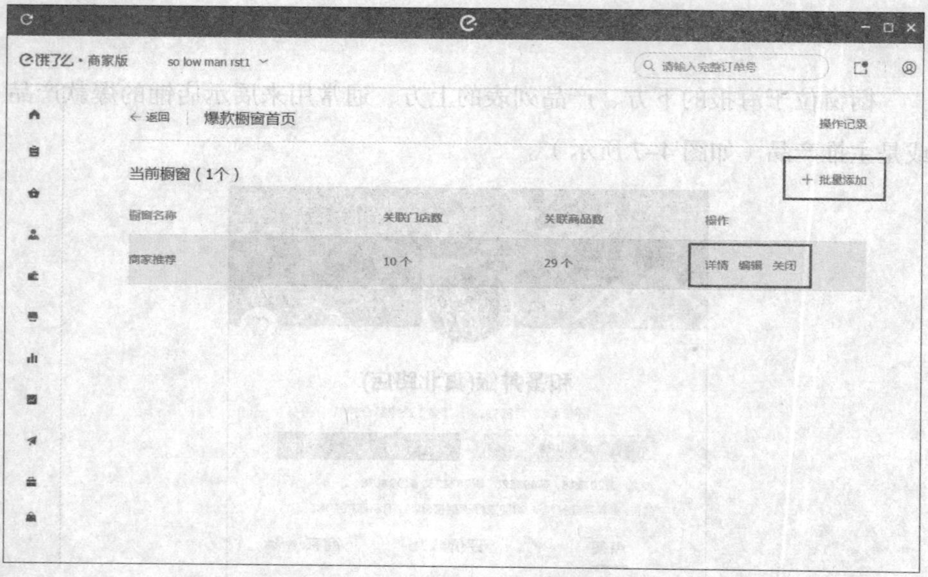

图 4-8　店铺橱窗设置界面

橱窗的主要作用是用来展示产品，但并不是所有产品都能在橱窗中展示，否则产品列表也就失去了存在的意义。适合橱窗展示的产品分为三大类：第一类是店铺销量最高的产品，代表着店铺的核心竞争力，是赢得顾客青睐的关键；第二类是优惠商品，拥有极致的性价比，能够促进顾客的下单欲望；第三类则是利润空间较大的产品，有助于提升店铺的利润。

类似麻辣烫这种需要自选品类的外卖产品，经常会让顾客陷入纠结的“选择困难症”当中。顾客选择的不确定性，决定了麻辣烫产品的制作只能是现点现做，不但影响效率，而且在订单高峰期还可能因为忙碌造成菜品的缺漏，影响店铺的口碑。

为了解决这一行业难题，觅姐汤可以喝的麻辣烫在橱窗位置展示了一些热卖的套餐，为顾客提供了几种特定选择。在为顾客带来方便的同时，店铺也可以提前备料、直接制作，大幅提升了工作效率。

与此同时，优势单品的展示也给顾客提供了自选方向，充分展现了店铺的竞争力，为店铺带来了更大的利润空间（如图 4-9 左图所示）。

图 4-9　店铺橱窗设置对比

再来看看图 4-9 右图的这个店铺。由于忽略了橱窗功能，在店内的整体氛围上已经落了下风。从产品角度来看，也容易让人分不清主次，无法凸显店铺的特色。由于缺乏对顾客的引导，这家店铺只能陷入被动的经营模式中，无法提升效率，业绩增长自然也没有保证。

外卖的消费人群主要是“90后”和“00后”的年轻人，与重视质量和性价比的“70后”“80后”不同，他们是“颜值至上”的一代，对店铺的装修和氛围尤为看重。要想让他们围观并最终下单消费，外卖店铺切不可忽视这方面的打造。

二、菜品视觉打造：好看和好吃同样重要

如要吸引顾客下单，仅凭店招、海报和橱窗还远远不够。对于外卖店铺来说，对顾客的核心吸引力还是来自菜品，不只是菜品的质量，菜品的视觉打造也同样重要。

很多外卖店铺的经营理念，还停留在单纯追求菜品质量的层面，对于店铺内菜品图片的展示和商品列表的打造不甚关心，敷衍了事。请记住，对于外卖店铺而言，好看和好吃一样重要。只有先吸引顾客的目光，让顾客对菜品感兴趣并下单，你才有机会将优质菜品送到顾客的嘴边。否则，就会应了那句话："酒香也怕巷子深。"

说到打造菜品视觉的重要性，大致可以分为以下三个方面：

第一，好看的菜品，能让你的店铺在众多的竞争对手中独树一帜，为店铺带来更多的流量。流量是下单转化的第一步，离开流量谈转化，只是纸上谈兵。

第二，好看虽然不能代替好吃，但却能够提升顾客的消费体验，大部分顾客也乐意为此付出一定的额外费用。从这个层面上说，菜品的视觉打造，能够让产品的价值最大化，提升店铺的利润空间。

第三，优质的菜品视觉，其实也是店铺无形的产品壁垒，会给顾客留下极其深刻的印象，从而形成较强的"品牌效应"，让店铺在激烈的外卖竞争

中，立于不败之地。

既然菜品的视觉打造如此重要，那应如何入手？我们总结了以下五大要点，希望能为外卖店主们提供帮助。

1. 菜品制作

只有菜品本身具备较高的颜值，拍出来的图片才能好看。这是菜品视觉打造的重中之重，离开菜品谈视觉，只是无本之木。在制作菜品时，要注意以下三个方面：

（1）在加工原料时，要确保半成品的形状美观，薄厚均匀。

（2）在选取配菜时，要注重色彩的搭配。

（3）火候的把握要恰到好处，火候不足显生，火候过了则显老。

2. 摆盘装饰

在西方的餐饮文化中，摆盘装饰处于十分重要的地位，能够让一道普通的菜品升华为让人心旷神怡的艺术品。为了让外卖店主们有个更加清晰的认知，我们将摆盘和装饰分而论之。

（1）摆盘

①选用和菜品风格相辅相成的餐盘，以此烘托菜品，切不可胡乱搭配，破坏菜品本身的美感。

②确保餐盘的整洁，边缘如果沾到了汤汁，一定要擦干净，否则就会成为菜品中的明显瑕疵。

③摆盘要有意境和艺术感，讲究繁而不杂、乱中有序，给顾客以美的享受。

（2）装饰

①装饰的作用是凸显产品，所以使用的程度和范围不宜过大，稍做点缀即可。

②装饰的色彩，应该与产品的主体形成对比或呼应，但不宜过于浓烈、喧宾夺主。

在图 4-10 的左图中，店主选择了极具个性的黑色不规则餐具，与菜品（西红柿炒鸡蛋）形成了鲜明的对比，凸显了菜品中红色（西红柿）的鲜活与黄色（鸡蛋）的柔嫩。在摆盘上，店主也选择了小分量铺展的方式进行呈现。与此同时，店主还用灰褐色与绿色的配菜，作为主菜的装饰点缀，进一步衬托了菜品的主色。

在图 4-10 的右图呈现的是同一款菜品，拍出来的照片展现的却是两种截然不同的品质。相比之下，右图的菜品摆盘显得杂乱无章，甚至能明显看到散落在边缘的食物。虽然店主也用绿色的蔬菜进行了点缀，但分量过大，失去了主次之分。

图 4-10　菜品展示图片对比

3. 背景选用

在菜品的图片展示中，背景占据了很大的比例，重要性不容忽视。然而，很多外卖店铺在对菜品进行视觉打造时，却疏忽了背景。其实，一个好的背景是菜品风格的重要组成部分，如果能在系列菜品中一以贯之，便能奠定菜品体系乃至整个店铺的个性基调，能够帮助顾客形成品牌认知，扩大店铺的

“品牌效应”。

在为菜品选择背景时，应当遵循以下两个准则：

（1）为了与菜品产生良性互动，背景的选择应该符合店铺和菜品的风格特点。

（2）在挑选背景时，还要符合主要顾客群体的偏好，让顾客容易接受。

和番丼饭是一家主营日式美食的外卖店铺，在店铺展示的菜品图片中，背景的风格基本统一，都含有青白云纹的垫布、淡黄浅绿的银杏树叶和中日文对照的菜品名称。这种极具和式气质的背景风格，不仅能够体现和番丼饭的店铺特点，也和菜品形成了统一整体，相得益彰（如图 4-11 所示）。

图 4-11　和番丼饭产品图片

4. 构图技巧

在第一章中，我们已经介绍过菜单制作时的一些拍摄技法，包括光线、色调、视角和风格等。需要重点强调的是，除了拍摄之外，照片的构图也是一门技术活儿，尤其要注意以下两个要点：

（1）分辨率

在饿了么平台上，店铺在商品列表中展示图片的分辨率是640×640。因此，店铺在制作照片时，要与这个分辨率相匹配，否则无法上传。如果图片不符合平台的分辨率要求，只能进行裁剪或拉伸，这会导致菜品的比例失真，影响整体观感。

（2）构图美感

店铺在构图时，最好使用对称或紧凑的构图方式，让菜品左右协调或者中央突出，这样能够给顾客一种格式化的美感。同时，也能确保菜单列表图片的一致性和连贯性。

中华美食讲究“色香味”俱全，对美味的食物进行适当的视觉打造，能令顾客食指大动，有效提升下单转化率。正如前文所说，好看和好吃同样重要，从现在起，就让你的菜品变得好看起来，要知道，它可关系着你的利润。

三、原材料公示：增强顾客对菜品的认知与好感

做餐饮就是做良心，原材料历来是外卖行业的核心关注点。一道好吃的菜，是由高品质的原材料和高超的厨艺加工而成，原材料如果出了问题，不仅会对顾客的下单率产生直接影响，严重时甚至会导致法律后果。绝大多数顾客在选择外卖店铺时，也会将食品安全视作首要的考量标准。

图 4–12　新白鹿菜品原材料公示示例

如何才能让顾客吃得放心？选用安全卫生、质量上乘的原材料，便是一个很好的解决方式。然而，由于行业的特殊性，在外卖平台中，顾客无法亲眼看见菜品的原材料，只能通过图片或者简介了解一二，靠的大多是观察、分析和猜测，带有较强的主观因素。既然是主观因素，有时便会和实际情况产生出入，很多外卖店铺也因此被给予差评。

为了避免这种情况出现，也为了保证顾客享有充分的知情权，饿了么平台推出了原材料公示功能。在商品列表中，店铺可以对产品的主要原料进行公示，加以必要的说明（如图 4–12 所示）。

进行原材料公示的好处大致有以下四点：

第一，方便顾客点餐。在平台上琳琅满目的商品列表中，顾客可以通过公示的菜品材料，迅速发现自己偏爱或忌口的食材，有针对性地进行选择和规避。

第二，不同产区的原材料，有时也会让菜品的品质和味道存在区别。通过原材料公示，顾客能够直接通过原材料，判断菜品是否符合自己的口味需求，一方面避免了不必要的误会，另一方面也提升了顾客的消费体验。

第三，随着人们生活水平的不断提高，顾客对菜品的健康和营养也愈发重视。原材料公示可以让那些追求健康饮食的顾客，直接了解产品的营养成分，推动消费行为的达成。

第四，由于条件所限，顾客很难直接看见外卖菜品的制作和配送过程，而原材料公示能在一定程度上，提高顾客对店铺的信任程度。与此同时，还可以为店铺树立干净卫生、专业可信的品牌形象，促进顾客下单转化。

可能有人会问："既然好处这么多，那我要如何操作呢？"别急，你可以通过饿了么商家版手机端或电脑端，在商品界面的菜品编辑选项中，点击添加原料进行原料公示（如图 4–13 所示）。

图 4–13　菜品原料公示的设置流程

原料的添加有两种方式，店铺可以在原料列表中依次寻找，也可以通过搜索功能直接定位某种原材料。虽然原料添加的整个操作流程十分简单，但如何选择被公示的原材料种类却有着较多的讲究，你需要遵循以下三大原则:

1. 实事求是原则

进行原材料公示的根本目的，是提升店铺的下单转化率，但也不能因此夸大事实，公示虚假的信息。原因有二:

（1）纸是永远包不住火的，只有实事求是的原材料公示，才能塑造店铺形象，对顾客形成正向的引导。一旦你进行了虚假公示，等到事发的那一天，不仅会损失长久以来积累的品牌声誉，甚至有可能需要承担法律责任，得不偿失。

（2）饿了么平台已经开始对原材料公示环节，进行较为严格的监督和管理。在已经进行试点推广的地区，顾客如果遇到实物与公示原料不匹配的情况，可以直接向平台申请退单，并进行投诉。一旦查实，平台会对店铺进行相应惩处。

2. 重要性原则

一道菜品的制作，往往会涉及很多种不同的原材料。在进行原材料公示时，如果从辅料到主料一一公示，虽然确实能够体现店铺的专业程度，但大多数顾客在下单时，大多饿着肚子，普遍缺乏仔细阅读的耐心。因此，过于详细的信息，非但不能增加顾客的消费意向，有时甚至还会起反作用。

此外，有句老话叫“说多错多”。由于外卖店铺面对的是各种各样的顾客，原材料展示得越详尽，就越容易被顾客挑出毛病。有些原本无伤大雅的配料，一旦实实在在地向顾客展示，就很有可能成为他拒绝下单的理由。

因此，店铺在进行原材料公示时，只需要根据重要性原则，挑选菜品原材料中对顾客选择有突出影响的主要原料，对其加以公示就已足够。

类似包子、饺子之类以外皮包裹馅料的菜品，从外部来看很难判断其内部的成分。因此，如果你的店铺主营的是此类菜品，在原材料公示时，只需公示其主料。比如，上海的小杨生煎在不同的菜品下都标注了主要的原料，但对于一些配料，诸如葱姜蒜之类，并不会进行详细的标注（如图4–14所示）。

图 4-14　小杨生煎的原材料公示示例

顾客对生煎类菜品的不同需求，主要体现在馅料上。对主要原材料加以公示，足以让顾客对菜品的味道、特点形成整体的印象，进而帮助顾客作出选择并最终下单，这便是小杨生煎如此进行原材料公示的原因所在。

3. 直接性原则

有些顾客之所以对产品的原材料格外关注，是因为他们有着健身或是减肥的需求。这些顾客关注的重点，其实并不在原材料本身，而在于其中包含的各种营养元素含量和热量水平。与其让这些顾客费时费力地对原材料加以分析，不如店铺直接将这些信息对外公示，第一时间传递给顾客。这样一来，既能促进下单转化和提升店铺形象，还可以获得顾客的好感，提升复购率。

四、点评高分和评论：菜品品质的展示牌

无论是菜品的视觉打造，还是店铺对原材料加以公示，最终都将归结于一点——菜品品质的主动呈现，这是外卖店铺吸引顾客下单的重要方式之一。接下来我们要介绍的，是菜品品质的被动呈现，也就是顾客的打分和评论，这也是外卖店铺的必修课之一。

相对店铺的介绍和推荐，大多数顾客更愿意相信的是自身的切实体验，或者其他消费者的评价。顾客对店铺的点评和评论，基本能够反映店铺菜品的品质水平。然而，很多外卖店铺并没有意识到这一点。在这些店铺中，顾客的评价往往很难得到及时回复，差评比比皆是，不仅影响了顾客的消费体验，也会拉低店铺的整体评分，从而降低新顾客的下单意愿。

好评对一家外卖店铺到底有多重要？大致可以分为以下两点：

第一，好评能够拉升店铺的总体评分，进而影响到店铺在外卖平台中的排名，让店铺获得更多的曝光机会，吸引更多的顾客资源；第二，好评能够提升顾客对店铺的信任程度，让他们在进店之后放心下单。

差评则正好与好评相反，会导致店铺的评分下降、顾客资源流失、订单量减少，进而形成恶性循环，严重影响店铺的利润水平。

既然如此，店铺应该如何赢得好评并规避差评呢？这就是本节的重点讲述内容。在讲解具体方法之前，我们先明确一个大前提，就是店铺提供的产品和服务已经足够优质。离开了这个大前提，你所做的一切努力，都只是无

本之木、无源之水，或能带来短时期的回报，但注定无法长久。

1. 设置优质评价红包，用实际利益刺激顾客

不知你是否注意到，很多顾客在店铺中消费之后，并不会给出评价，无论好评或是差评。其中的部分人可能是因为忘记，而更多的人则是因为“懒”。他们并不是不愿意给好评，而是本着“多一事不如少一事”的心态，没有形成给好评的习惯。此时，店铺就需要通过一定的外部刺激，来打破顾客的原有习惯。优质评价红包便是很好的一种方式，能够给顾客充足的动力，去为你的店铺给出好评。店铺可以在饿了么商家版上对优质评价红包进行开通和设置（如图 4–15 所示）。

图 4–15　优质评价红包的设置流程

设置红包是第一步，店铺还要采取一定的措施，提醒顾客红包的存在。比如，在打包商品时放入一些提醒评价的小卡片，或者利用平台的交流功能，在与用户的聊天界面上进行提醒。

需要注意的是，优质评价必须图文并茂，只有这样的评价才能得到红包。如果顾客只晒图却没有配上相应的文字说明，或者只给五星好评，什么都不说，或者只给文字评价却没有配图，都不能获得优质评价红包。

2. 负责任地回复，引导顾客作出评价

顾客的评价其实是一种社交的形式，好评是在分享自己的喜悦，而差评是在为自己的遭遇寻求说法。但社交的达成，需要至少双方形成沟通才可以，所以商家的回复是否及时有效，也会影响顾客评价的欲望。

在饿了么商家的店铺中，如果商家对顾客评价的回复率较低，本来对产品、服务满意的顾客会觉得没有必要进行评价；甚至差评的顾客也会觉得评价解决不了问题，而去选择电话或即时沟通的方式。所以，商家要时刻关注店铺的评价情况，对于给出好评的顾客，商家要致以感激的谢意，尽量使用一些人性化的字眼，增强与顾客的联系紧密度。如果使用回复模板的话，也尽量选择多个模板共同使用，不要让顾客产生商家存在敷衍的认知。在高质量的评价回复的引导下，顾客会更加乐于做出优质的评价。

3. 优质评价置顶，打造社交刺激

人类是社会属性的动物，拥有社交的需求。对于外卖顾客来说，在评论区进行评价和分享的本质，就是一种社交行为。但是，每个人的性格都不尽相同，有些顾客愿意和其他人分享自己对某家店铺的评价，而另一些顾客则恰好相反。对于那些有好评倾向却不愿主动表达的顾客，你需要为他们提供一个合适的环境，激发他们的社交欲望。

店铺可以在饿了么商家版上，管理自己店铺收到的所有评价（如图 4-16

所示），点击某条具体的优质评价，还可以将其置顶 30 天。将图文并茂的好评集中展示，一方面能够提高进店顾客的下单转化率，另一方面还能为店铺营造出一个促进交流的环境，激发顾客分享自己消费体验的欲望，从而提升店铺的点评分数和好评数量。

图 4-16　店铺评论管理流程

店铺在选择置顶的优质评论时，应尽可能地以店内主打产品或销量最高产品的优质评论为主。此类内容主题的分享和评论，更容易让顾客产生同理心，愿意加入其中进行分享。一些冷门菜品的实际消费者可能并不多，如果你选择了此类主题，很难引发其他顾客的共鸣，效果不会太好。

二十五块半（天山西路店）的店铺综合评分达到了 4.7 分，是一家拥有较高评价的店铺，月订单量也达到了千份以上。在它的店铺评论界面中，居于前列的都是有图片、有星级、有文字叙述的优质评价，相关菜品都是店铺内主打的招牌菜（如图 4–17 所示）。

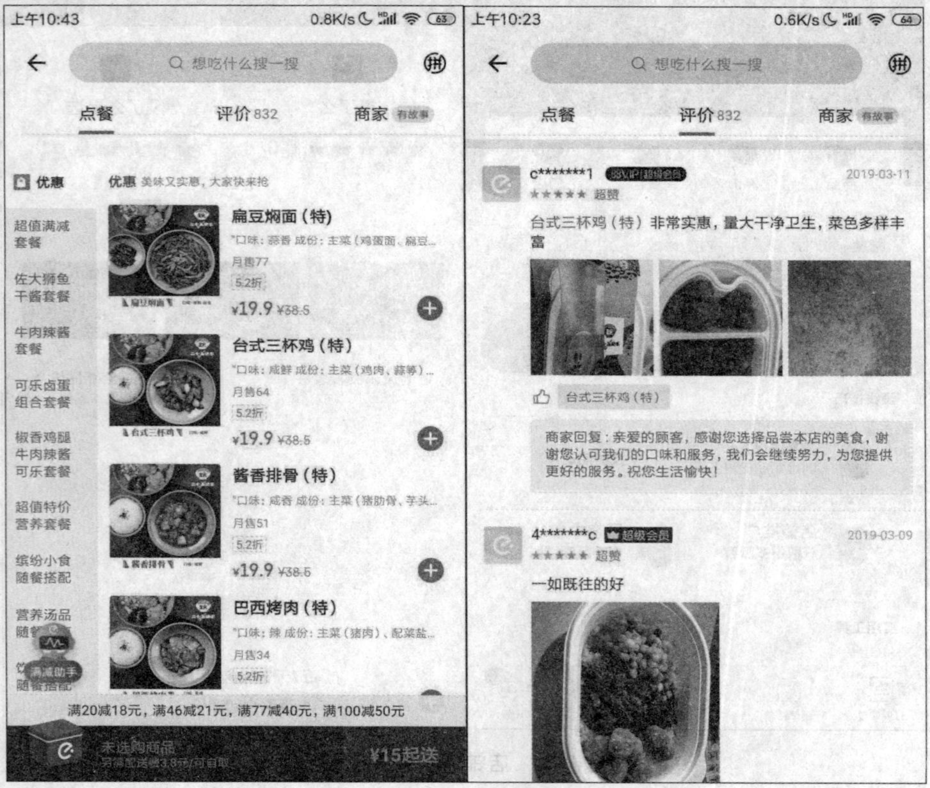

图 4–17 二十五块半（天山西路店）的评论界面示例

4. 设置超预期因素，以惊喜刺激好评

强烈的情绪，能够让顾客产生主动分享的欲望，好评和差评都不外如是。让顾客愿意分享好评的情绪是喜悦，而差评则对应着不满。因此，如果你想

提升店铺的打分和好评数量，便不妨从这方面入手，让顾客在消费过程中，可以发现或感受到意料之外的惊喜。惊喜有了，好评也就不远了。

具体而言，店铺可以尝试以下三种方式：

（1）打造极致的性价比

对于普通顾客来说，性价比往往是他们最关注的事情。如果你店铺的菜品味道不错、分量十足且安全卫生，价格也比较优惠，顾客自然愿意送出好评。

（2）设置额外的小细节

如果你在顾客订单包含的菜品之外，还额外赠送一些小菜、饮品，或者一张温馨提示和调侃搞笑的小卡片（如图 4-18 所示），便能为顾客提供超预期的消费体验，很多顾客都会愿意对此进行点评和评论。

图 4-18 外卖小卡片示例

（3）精美的包装和餐品

美观的包装和餐品，可以刺激顾客拍照并与他人分享的欲望。这些照片不仅会被顾客用于店铺点评，还会融入他们的社交分享之中，从另一个角度树立店铺的口碑。

三米粥铺（上海金沙江店）在饿了么平台上的评分是 4.8 分，月订单量近 5000 份。在如此庞大的顾客基数下，还能够获得较高的评分，其实是件很不容易的事情，他们的成功经验便是不断为顾客提供各种惊喜，这或许能为你带来一些启示（如图 4-19 所示）。

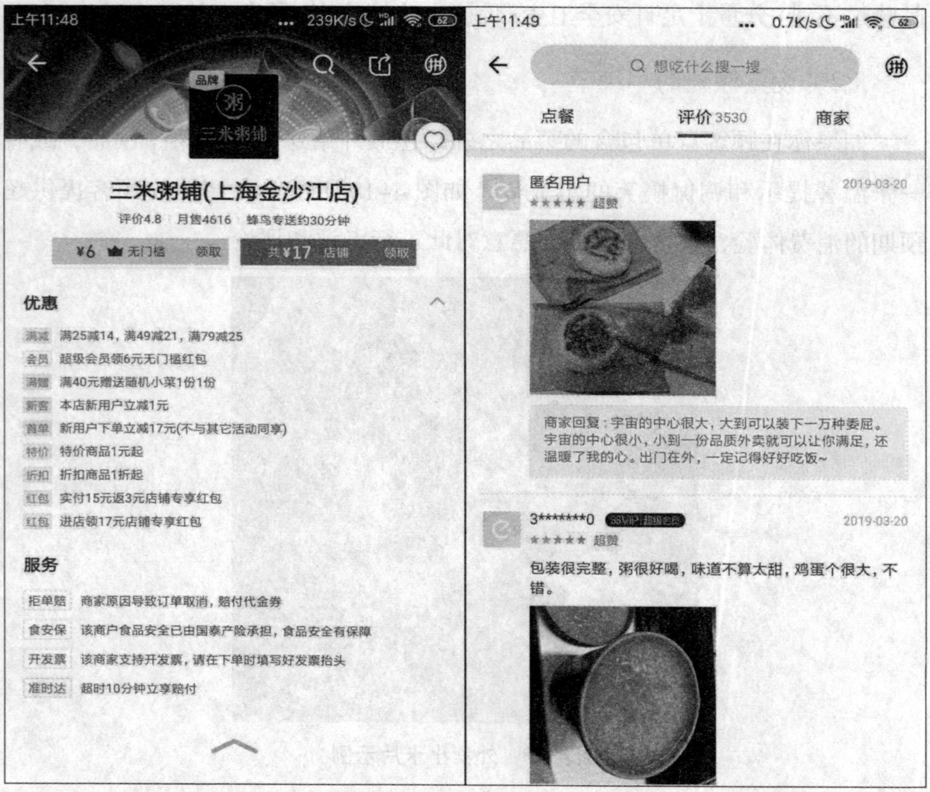

图 4-19　三米粥铺（上海金沙江店）店铺及评论界面示例

首先是产品包装，三米粥铺（上海金沙江店）使用单个纸质包装分装菜品，不但环保，而且比普通的塑料包装看上去更专业、美观，让很多顾客忍不住拍照分享。

其次，三米粥铺还推出了各种满减活动和满赠活动，力度很大，让顾客享受高性价比的同时，还能获得额外的赠品，无疑是种极佳的消费体验。

除了获取好评之外，店铺对差评也不可掉以轻心，这包含了以下两层含义：

首先，尽量避免差评。店铺在生产中要注意菜品的安全和质量，为顾客提供最优质的外卖产品，这是每一家店铺都应努力的方向。

其次，当差评发生后也别着急。店主要及时与顾客沟通，充分了解问题出现的原因，并通过退款或赠送代金券等形式，安抚顾客情绪并最终解决问题。态度要诚恳，正确对待顾客的差评，不怒不躁，通过协商提出行之有效的赔偿办法。这样一来，其他顾客在看到这些差评的同时，也会感受到店铺专业的工作态度和负责任的企业形象。这便是将坏事变为了好事，危机变为了转机，对促进用户下单也会产生积极的作用。

在选择沟通方式时，店铺有两种选择：一种是通过顾客下单时留下的联系方式，以电话的方式进行沟通；另一种是利用饿了么平台提供的即时沟通功能，在聊天界面与顾客进行沟通。

平台提供的即时沟通功能，是一个三方沟通的媒介，店铺、配送人员和顾客都可以通过这个功能进行交流。当顾客对配送服务产生不满或提出异议时，不必再通过店铺“传话”，直接在聊天界面上就可以联系到配送人员，快速解决问题。考虑到当下推销电话、垃圾短信泛滥的现状，以及电话沟通的成本和效率问题，利用平台即时沟通功能相对更加稳妥、高效。

这个即时沟通功能使用起来十分便捷，店铺可以在饿了么商家版手机端的订单处理界面，从顶端入口点击进入（如图 4-20 所示）。

图 4-20　平台即时沟通功能示例

需要重点说明的是，很多外卖店铺都曾遭遇一些恶意的差评，有些来自同行的恶意竞争，有些则是因为一小部分顾客的目的不纯。比如，某些顾客会故意给出差评，以此索要红包或宣传他们自己的广告。还有一部分顾客的评论会存在言语失格的现象，脏话连篇，甚至散布不良信息等。

相对于正常的差评，这些恶意差评会给店铺带来更加不利的影响。一旦发现这种情况，店铺可以通过平台提供的差评申诉服务，在饿了么商家版手机端或电脑端的评价页面，点击申诉按钮，按照要求提交证明材料进行申诉。

五、定价与活动的配合：顾客快速下单的助推器

在前文中，我们提到了外卖店铺通过主动和被动两种方式来展示菜品的品质。需要注意的是，决定顾客是否下单的因素有很多，菜品的品质虽然至关重要，但并不是唯一因素。定价和优惠活动，也会对顾客的下单意愿产生直接影响。

对于传统餐饮来说，物美和价廉往往不可兼得，但外卖店铺却有着得天独厚的优势。在较大的订单量支撑下，店铺可以对利润空间进行一定的压缩，通过合理的定价和优惠活动，打造相对较高的菜品性价比，从而让顾客快速下单。这里涉及两个关键点：合理的定价和优惠活动，以下让我们分而论之。

1. 合理的定价

所谓合理的定价，其实就是根据店铺经营过程中产生的成本和利润，通过系统运算得到的商品定价。以下是业内较为通行的三种定价方法：

（1）成本定价法

最基本的定价方法是成本定价法，基本公式为：

菜品价格 = 菜品成本 ÷（1 − 毛利率）

在这个公式中，毛利率可以是店铺在经营中得到的确定数值，也可以是对某个产品的心理预期利润率。

（2）类比定价法

请注意，以上只是理想状态下的定价方法。在外卖店铺的日常运营中，个体的定价不可能脱离市场的实际情况而存在。因此，菜品的定价，还要考虑区域市场内同类型菜品的定价，也就是类比定价法。

店铺可以对市场内同类型菜品进行系统调研，利用下面的公式，计算出这种产品的平均定价系数。

平均定价系数 = 同类型菜品的平均价格 ÷ 平均菜品成本

在得出平均定价系数之后，店铺需要做的是核算自己生产该菜品耗费的成本，将上面的公式做个变形，反向运用，进而得出自家菜品的合理价格：

自家菜品价格 = 自家菜品成本 × 平均定价系数

（3）合理定价法

在上述两种定价方法的基础上，我们可以进一步计算菜品的合理价格。对于外卖店铺来说，除了制作菜品所需的成本以外，店铺租金、人员工资、水电能源、系统折旧和日常管理等，都会产生额外的成本，在计算菜品合理价格时也应包含在内。

我们可以根据店铺平均每月的订单量，计算出额外单位订单成本，公式如下：

额外单位订单成本 = 每月额外成本 ÷ 每月平均订单量

下一步，我们可以运用下面的公式，结合之前计算出的自家菜品成本和平均定价系数，进一步得出菜品的合理定价。

菜品价格 = 自家菜品成本 × 平均定价系数 + 额外单位订单成本

需要提醒大家，以上三种定价方法，考虑的主要是成本和市场。作为消费指向型的外卖行业，刚才计算得出的合理定价只能作为基础，还要在尊重顾客习惯的基础上，做进一步的优化。大多数顾客，普遍会有以下两种消费习惯：

第一，四舍五入。顾客在看到菜品价格时，往往会下意识地进行四舍五入的估算。比如，大多数顾客会在看到定价为 14 元的菜品时，将其视作 10

元左右，而16元在大多数顾客眼中，和20元也没有太大区别。因此，店铺在合理定价的基础上，可以稍做调整，打造更有竞争力的菜品价格，刺激顾客的下单欲望。

第二，对尾数不敏感。很多顾客往往只在意价格的整数部分，而对小数点后的尾数并不敏感。比如，类似9.9元或9.99元这样的价格，顾客会认为是9元左右，比10元便宜了很多。事实上，店铺只需要将菜品价格下调1角钱或是1分钱，就能让顾客感觉得到了实惠。

大掌柜凉皮肉夹馍·筋饼小吃（铜川路店）在设置菜单时，将很多菜品的价格都控制在15元以下。与此同时，基本每样菜品都带有0.9的尾数（如图4-21所示）。

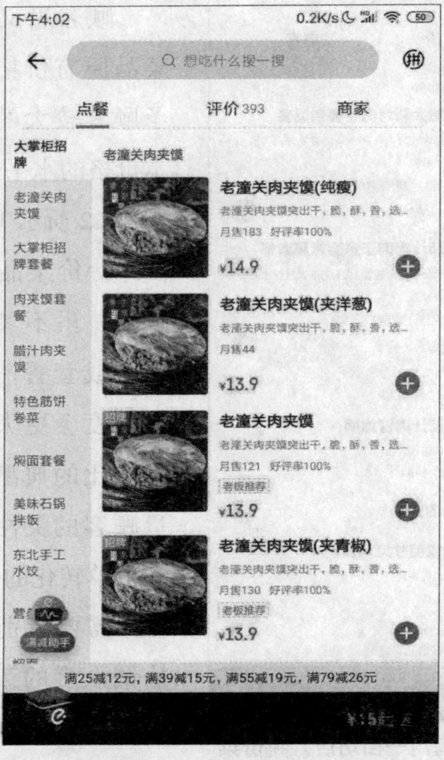

图4-21　大掌柜凉皮肉夹馍·筋饼小吃（铜川路店）的定价设置示例

店铺巧妙利用了顾客的心理误差，将接近 15 元的实际价格，打造成 10 元左右的顾客心理价格。这种定价方式的效果十分明显，很多顾客正是因此下单的。

2. 优惠活动

说完了合理的定价，再让我们看看定价如何与活动相互配合，也就是我们常说的优惠活动。定价如能与活动形成良好的配合，可以有效激发顾客的下单意愿。店铺的优惠活动多种多样，以下重点介绍特价和套餐两种呈现形式。

图 4–22　芝根芝底（梅川一街坊店）特价菜品示例

（1）特价菜品

顾名思义，特价菜品就是在菜品原有价格的基础上，店铺给予顾客较大的折扣，以远低于原本价格的水平进行销售的菜品（如图 4–22 所示）。

特价菜品的折扣程度通常比较大，虽不参与满减活动，但对单品或套餐消费的顾客来说，优惠力度会更大一些。特价菜品是性价比的典型代表，能够吸引大量顾客的关注，具备极强的引流和下单转化的作用。

需要特别注意的是，在外卖店铺众多的菜品中，并不是每种菜品或套餐都适合成为特价菜品，这取决于以下两大方面的考量：

一方面，做外卖不是做慈善，盈利是店铺的第一要务。即便是特价菜品，也得有利润才行。因此，店铺在选择特价菜品时，最好选取利润较大的菜品，确保在大力度的折扣之下，依然能够保证盈利。

另一方面，店铺应优先选择新品或主打菜品，这些菜品是店铺重点宣传的对象，而特价活动的宣传作用，恰好能对此产生较大帮助。

（2）套餐

相比单品定价，套餐的总价一般都比较高，能够有效提升店铺的客单价，保证店铺的总体利润。从顾客的层面来看，套餐的价格又比套餐内每个单品价格相加的总和要低，能够获得实实在在的优惠（如图 4–23 所示）。

套餐设置的方法大致有以下三种：

图 4–23　云海肴（普陀近铁店）套餐列表示例

①按菜品种类设置

一个合理的套餐，应该能够满足顾客的大多数饮食需求。因此，套餐中菜、饭、饮品、甜点等不同类型的产品要形成有效的搭配。比如，饭菜搭饮料、饭菜搭甜品等。

老妈烫饭（金沙江路店）的套餐，基本以“饭菜 + 主食 + 配菜 + 饮品”的形式进行设置，顾客只需要订购一个套餐，就能满足自己吃饱、吃好、喝好等多种饮食需求（如图 4–24 所示）。

②按顾客数量设置

除了优惠的价格之外，依次选取单品的形式相对烦琐，浪费了顾客的时间和精力，这也是很多顾客选择套餐的一大原因，在多人同时订餐时表现得尤为突出。因此，店铺在设置套餐时，还要考虑就餐的人数，以单人餐、双人餐、多人餐的形式进行设置（如图 4–25 所示）。

图 4–24　老妈烫饭（金沙江路店）套餐设置

图 4–25　蜀地冒菜（中北山路店）的套餐设置示例

③按消费场景设置

顾客在不同的消费场景下，对外卖有着不同的需求。比如，不同的时段，吃早餐的顾客大多追求清淡和营养，在午餐时他们则更重视味道；又如不同的用餐环境，工作餐强调快捷，聚餐则偏重多样化，能够符合不同人的需求（如图 4–26 所示）。

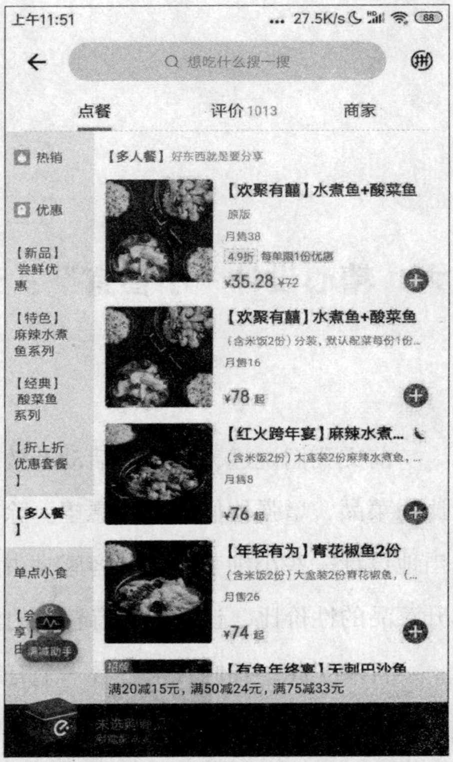

图 4–26　囍鱼谣酸菜鱼（梅川路店）的场景式套餐设置示例

套餐的价格，之所以能比单品相加的总价更低，是因为批量产品带来的“利益集群效应”，让店铺在利润上具备了更大的操作空间。换句话说，如果你的店铺现在还不具备一定的销量和规模，那么在给套餐定价时一定要慎之又慎，按照单品 < 套餐 < 单品 + 单品的模式进行设置。

总而言之，产品的定价与活动的设置，既要符合顾客的消费特点，又要满足商家的盈利需要。所以，无论是定价还是活动，都应该根据顾客需求与店铺经营成本的变化，灵活地运用各种定价和活动设置方法，实现利润的最大化。

六、精心设计“小便宜”：让用户暗自得意的“大杀器”

前文我们说过，定价与活动有效配合的目的，在于为顾客提供较高性价比的菜品，增强他们的下单愿望。除了给予直接的优惠之外，店铺还可以适当地设计一些小细节，让顾客感觉占到了“便宜”。这种方式也能够有效提升菜品的性价比，让顾客拥有较好的消费体验。

言及于此，我们先来看看一个有趣的现象。

众所周知，在饿了么平台上，顾客给店铺的评价可以分为三种：差评、中评和好评。在许多店铺的评论界面里，中评往往占据了较大的比例。然而，在顾客的主观评判中（尤其是陌生顾客），往往只有“好”与“不好”两个标准，中评通常会被划入“不好”的行列。这就是一些在平台上处于中部区域的店铺，始终难以更进一步的原因所在。

中评与好评的差距真的那么大吗？其实不然。能够得到中等评价，起码说明店铺在菜品和服务上并不存在明显的质量问题，能够满足顾客的基本需求，也就是中规中矩。那么为什么得到的不是顾客的好评，而是中评？很大一部分的原因，便在于这些店铺普遍缺少在细节方面的精心设计，并没有达到顾客心中好评店铺的标准。

先让我们明确细节设计的最重要方向——让顾客“占便宜”。每个人都有利己的偏向，当顾客获得一些自认为实惠的“小便宜”时，会产生一种心理满足感，这种满足感能够让顾客十分开心地下单。此时，如果你提供的菜品和服务确实质量不错，大多数顾客都会很乐意地奉上好评。

在确定了主体思路之后，让我们来看看细节设计的具体方法。以下是我们总结的三种能够让用户暗自得意的“小便宜”，希望能对外卖店铺产生实际的帮助。

1. 超值换购

顾客在店铺下单后，会进入结算界面。此时，他可以用相对低于原价的价格，搭配购买店铺提前设置好的其他产品。这种方式，就是超值换购（如图 4–27 所示）。

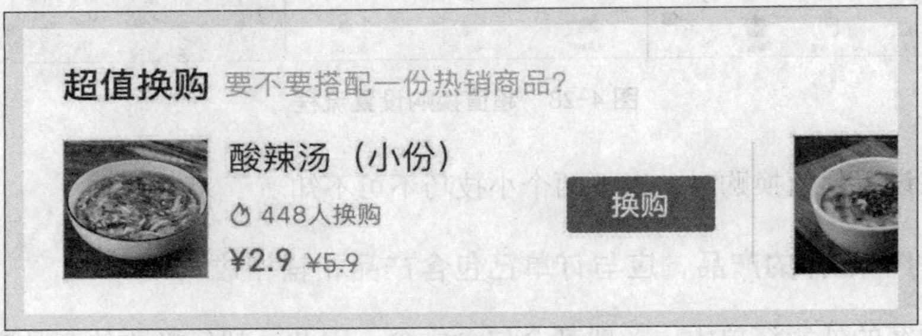

图 4–27　超值换购示例

超值换购有以下两大优点：

第一，超值换购会直接出现在订单结算页面中，直面精准的顾客资源，能够有效提高客单价，提升店铺的总体利润。

第二，平台会给予超值换购一定的流量支持，在活动页面、店铺界面和订单界面进行全面展示，增加店铺的曝光度。除此之外，平台还会对完成超值换购任务的店铺，给予流量卡奖励，店铺在使用之后便能得到额外的曝光流量。

具体操作时，店铺可以在饿了么商家版上设置超值换购。先在营销中心选择超值换购选项，进入价格、日期、商品数量设置界面。设置完成后，点击下一步，选择超值换购的商品（如图 4–28 所示）。

图 4–28　超值换购设置流程

在设置超值换购时，以下两个小技巧不可不知。

（1）选择的产品，应与订单已包含产品相辅相成

顾客的外卖订单中，一般都会包含主食。因此，超值换购的产品应该是小菜和饮料等配合性产品。如果你将主食设置为换购产品，很难引起顾客的兴趣。

（2）超值换购产品的价格不应过高

15 元以内的超值换购产品，能够最大限度地吸引顾客。要知道，超值换购其实等同于加购。产品价格如果过高，就会降低整体的性价比，顾客加购的意愿也会随之消散。

顾客在主打酸菜鱼的某店铺购买主食之后，便会在订单页面看见配菜类产品的超值换购（如图 4–29 所示）。

图 4-29　某酸菜鱼店铺超值换购示例

这家店铺主营的是酸菜鱼类菜品，除了固定的配菜以外，顾客还可以自选添加其他品类。因此，用配菜作为超值换购产品，符合顾客在店铺内的消费习惯和饮食习惯，能够比较有效地激发顾客加购的意愿，而比原价低了将近一半的价格，也具有较强的吸引力，很多顾客正是因此参与换购。

2. 门店新客立减

大多数外卖店铺，采用的都是薄利多销的经营模式，顾客数量直接

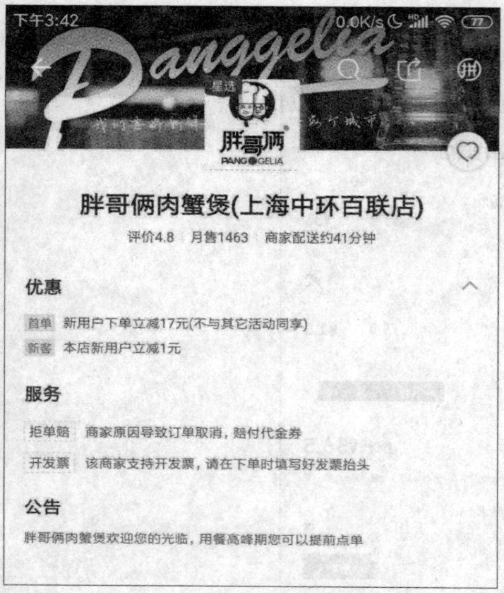

图 4-30 门店新客立减示例

关系到店铺的利润水平。因此，在维护好老顾客的同时，店铺也要不断吸引新顾客进店消费。专门针对新客的门店新客立减活动，以活动红包的形式出现，能够对顾客产生直接有效的刺激（如图 4-30 所示）。

根据现有的平台规则，顾客可以同时享受门店新客立减活动和其他优惠活动。这样一来，顾客得到的优惠额度会明显增加，消费意愿自然水涨船高。商家可以在饿了么商家版手机端或电脑端的营销中心，选择门店新客立减，然后设置红包的金额和活动的整体时间（如图 4-31 所示）。

图 4-31 门店新客立减红包设置流程

门店新客立减红包的金额，一般应控制在5元之内，不宜过多。根据平台的数据监测，大多数店铺吸引一个新客的平均成本便是5元左右。如果红包的金额过高，会导致店铺的成本失控，对利润产生负面影响。

3. 满赠活动

满赠活动是指顾客在消费达到一定金额之后，店铺额外赠送一些产品的优惠活动。虽然优惠并不会降低顾客消费的总体金额，但同样的价格能够得到更多的商品，从顾客的角度来说，其实获得了明显的实惠。这种方式可以有效提升顾客的消费体验，让他们对店铺产生直观的好感，从而提升复购率（如图4–32所示）。

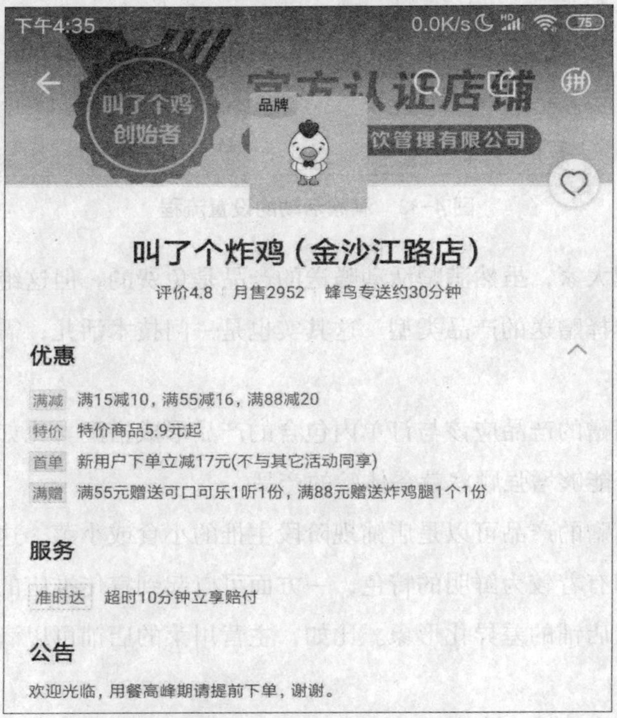

图4–32　外卖店铺满赠活动

店铺可以在饿了么商家版上进行满赠活动设置和更改。先进入营销中心界面，选择全部类型后，点击店铺满赠创建，然后进行满赠产品、满赠数量和活动时间的设置（如图 4–33 所示）。

图 4–33　满赠活动的设置流程

需要提醒大家，虽然满赠活动赠送的产品是免费的，但这绝不意味着店铺就能随意选择赠送的产品类型。这其实也是一门技术活儿，需要综合考量以下三大因素：

首先，满赠的产品应该与订单内包含的产品形成搭配。比如，水果、口香糖和饮料等能够增强顾客就餐体验的产品。

其次，满赠的产品可以是店铺现阶段主推的小食或小菜，这些产品的成本并不高，却有着较为鲜明的特色，一方面可以起到宣传推广的作用，另一方面也能打造店铺的差异化形象。比如，主营川菜的店铺可以满赠特色豆瓣酱和辣酱等。

最后，满赠的产品并不一定必须是店内的产品，也可以是一些别出心裁的小礼物。比如，钥匙链、挂件和摆件等。

第五章

复购留存：打造忠诚用户客群

外卖店铺的顾客，无外乎分为两大类型，一种是新客订单，另一种是老客复购。新客数量直接关系到店铺短期内的盈利状况，但真正帮助店铺长久存续的，还是忠实顾客群体带来的持续性消费。因此，店铺在吸引新客、促进下单转化的同时，时刻不能忽视忠实顾客的转化和存续，提升店铺的复购留存率。复购是门技术活儿，在本章中，我们将从菜品质量、推新迭代、菜品包装、顾客精细化管理和精准营销红包等五个层面，对如何提升顾客黏性、实现复购留存进行系统阐释。

一、菜品质量：餐厅生存的制胜法宝

你或许见过这样一种店铺：服务中规中矩，配送时间和营销活动也都较为一般，却似乎永远处于订单爆棚的状态。看似完全不符合商业逻辑，细品之后却能发现它的制胜法宝——对于菜品质量的极致打磨！

无论是传统餐厅，还是外卖店铺，餐饮行业永远的核心始终是“菜”。味蕾记忆是最重要的区隔符号，用户体验做得再好，营销再吸引人，品牌再强势，脱离了菜品质量都是空中楼阁，终有一天会倒塌。换句话说，这是餐饮行业最高的竞争壁垒。

菜品的制作涉及很多环节，任何一个环节出现问题，都会导致菜品质量下滑。原材料的采购、菜品的加工制作流程、制作空间的环境设施……更有甚者，制作者的心情和工作态度都有可能成为影响菜品质量的源头。

那么，如何才能保障菜品的高质量？怎样才能将菜品做到极致？我们的建议是，不妨从菜品制作的诸多环节入手，采取措施、制定标准、完善制度。

1. 制定标准化原材料采购流程

原材料质量是菜品质量的前置保障因素。无论制作者的技艺多么高超，菜品的配方如何合理，没有高质量的原材料，都难以制作出高质量的菜品。有句老话叫“巧妇难为无米之炊”，说的就是这个道理。

为了确保原材料的品质过硬，店铺应制定标准化的原材料采购流程，大致包括调研、采买和仓储三大环节。

（1）调研

在采购原材料之前，店铺需要对当地和外围的原材料市场进行全面的了解。对当地市场的调研，可以采用实地考察的方式进行，然后通过数据对比分析，寻找原材料的质量和价格达到最佳平衡的采购地点。

需要提醒大家，随着现代交通和物流行业的长足发展，原材料的采购不再局限于店铺所处地区，你可以通过网络充分了解外围市场的行情与性价比。

（2）采购

调研之后的下一步，便是根据自家菜品的品类，确定需要采买的原材料类型和数量，制定细致的采购清单，交由专门的采购人员负责。采购是个位不高权却重的职位，往往容易滋生腐败，需要外卖店主们时刻关注。

（3）仓储

如果原料的采购以批量的形式进行，或者在使用之后还有大量剩余，店铺就要将仓储工作提上日程，以此保证原材料的质量，并及时清理不再适用的原材料。

2. 制定标准化制作流程

在原材料质量得到保证的前提下，对菜品质量影响最大的便是制作环节。尤其是一些连锁品牌，菜品相对统一且固定，即便是堂食餐厅也会考虑到出餐的效率和标准化。

在这样的情况下，要想保证菜品的质量，店铺就需要制定严格的标准化制作流程，将原材料的加工和添加顺序、调味料的类型和使用分量等，都严格置于标准的控制之下。这样一来，即便是烹饪基础相对薄弱的普通工作人员，也能在培训之后，保证菜品口味和质量的稳定。

3. 制定严格的卫生标准

菜品的质量问题不仅关系到顾客的味蕾，还关系到他们的肠胃，食品安全始终是重中之重。一旦外卖菜品出现了食品安全问题，即便问题很小，也会让顾客质疑店铺的菜品质量，进而影响店铺的口碑，造成顾客资源的流失。

因此，外卖店铺应制定严格的卫生标准，确保菜品的食用安全，让顾客吃得放心。外卖店铺保持卫生标准，提高出餐效率，可以试从以下三大层面建立管理制度。

（1）建立规范化的工具和设备取用规则

店铺要确保专器专用、用时即取、用完清理归位。这样既能保证工具和设备的洁净，也能提高工具和设备的使用效率，以防因为等待和寻找，导致烹饪时间出错，影响菜品质量。

（2）建立“卫生责任到人制度”

店铺应对工作人员进行合理分工，让他们各司其职，不同岗位负责自己所在不同区域的卫生。一旦出现问题，就应及时追责、纠正，保证菜品制作空间和设备工具的整洁干净。

（3）对个人卫生问题进行规范化管理

店铺最好让工作人员穿戴统一的工作服装，以及必要的卫生防护设备。比如，手套、围裙、帽子等。尤其是那些直接参与菜品制作的工作人员，更应对其严格要求，让他们形成良好的烹饪卫生习惯。千万别小看了这些细节，要知道，“魔鬼”往往就藏在细节里。

4. 制定完善的人员监督与激励制度

在中华民族的饮食文化中，食物不仅能传递味道，还能表达情感。虽然无法通过科学验证这种说法的准确性，但制作者的情感状态，有时确实会影响菜品的质量。尤其是当制作者心情不好，或对工作产生厌烦心理时，往往在制作菜品的过程中，容易出现敷衍了事的情况，从而影响菜品的质量。

为了减少或避免这种情况的出现，店铺应制定完善的人员监督与激励制度，时刻关注员工的心理动态。具体而言，要做到以下三大方面：

（1）设立专门的监督岗位

聘请专人或由内部员工任职，负责监督其他岗位员工的工作状态，并及时作出反馈。

（2）建立和绩效挂钩的工资制度

严明奖惩，对那些出于个人原因导致店铺受到损失的员工，要及时作出处罚；而对那些心无旁骛、专心工作的员工，也要予以奖励，以此激发员工的工作积极性。

（3）打造积极向上的企业文化

企业文化，讲究的主要是一个氛围，利用环境潜移默化地影响每一个员工，引导员工形成精益求精的工作态度，从而保证菜品的质量。

5. 关注菜品的更新迭代

对于外卖店铺而言，菜品的更迭是个永恒的难题。即使品牌有了清晰的定位，对菜品的准确把握也不是件容易的事情。有时候精心打造的爆款菜品反而销量不佳，而末位销量的菜品在被店铺淘汰后，又会有很多顾客问询。解决这种窘境的唯一方法，就是从顾客需求出发。请记住，顾客的喜好才是所有菜品的灵感来源，外卖店铺一定要根据顾客群体主要需求的变化，对菜品及时更新迭代。

关于这一点，我们在下一节中会进行具体阐释，在此不做赘述。

6. 不断完善菜品的细节

一样米养百样人，人人吃法各不同。每个顾客都有自己的饮食偏好，即便完全相同的菜品，在不同的顾客喜好影响下，表现出来的质量水平也会有所差别。因此，店铺应根据顾客的不同要求，对菜品进行相应的细节打造，提高菜品适应不同需求的能力。

有人可能会问：“我和很多顾客都没见过面，怎么会知道他们喜欢什么样的菜品呢？”你或许真的不知道，但饿了么平台凭借强大的功能优势，能够让你第一时间了解到顾客的独特需求。

在平台的订单界面中，有一个订单备注的选项，很多顾客都会在此标明自己的口味和偏好（如图 5-1 所示）。

图 5-1　订单备注选项示例

店铺要做的其实很简单，就是时刻关注备注中顾客提出的各种内容，如果能满足就尽量满足，如果实在无法满足，也要电话告知，或在外卖包装中附上小纸条，说明没能满足的原因，获取顾客的谅解。

还有就是菜品评价，尤其是差评的内容更要引起关注，有些菜品比较辣，不能吃辣的顾客给了差评，遇到这样的事情首先不要觉得很冤枉，而是要查看前台菜品展示中是否提醒顾客该菜品口味偏辣，在差评中不断总结细节，雕琢菜品，保持核心竞争力。

总而言之，菜品质量的优劣是决定店铺忠实顾客数量多少的核心环节，只有保证菜品的上佳质量，才能真正赢得顾客青睐，万万不可只做表面功夫。

二、及时推新：抓住用户的新鲜感

在前文中，我们提到了一个观点：顾客的喜好才是所有菜品的灵感来源，这句话的关键点在于顾客的喜好。一方面，再好吃的菜，顾客在吃过几次之后，都会或多或少产生厌倦感；另一方面，随着时间的推移，顾客的喜好也会发生变化，今天想吃麻辣生鲜，明天可能就想吃青菜萝卜。这种现象的存在，对外卖店铺提出了较高的菜品更迭要求，如果你不“变菜”，顾客就会“变心”。

菜品的更新迭代（也就是我们常说的推新）是个系统工程，这可不是拍脑袋就能决定的事情。如果说不推新的店铺相当于慢性自杀，那么盲目推新的店铺则会死得更快。我们发现，很多店铺在推新时，都容易踏入以下两大误区：

第一，模仿度太高。虽然借鉴他人的成功经验，确实能够加快菜品推新的节奏，降低新菜品的开发成本，但同样也容易让店铺陷入同质化竞争的旋涡之中。

第二，在推新的同时，没有及时地对菜单进行更改。菜单中仍然存在许多并不符合顾客需求的菜品，这便导致新菜品与旧菜品界限不明，并不利于新菜品的展现。

除了要避开以上两个误区之外，店铺在推新的过程中，还应注意遵循以下两个原则：

1. 菜品 SKU 数量设计原则

外卖消费的主流人群是年轻的都市白领和学生，此类顾客往往对菜品的新鲜感格外看重，但又普遍缺乏仔细挑选的耐心。换句话说，店铺的菜品越多，顾客点菜时的难度就越大。这是菜品设计的大原则——少而精。需要注意的是，凡事皆有例外，有些店铺确实只有订单量很高的四至五款菜品，但有些店铺的菜品高达五十多道，却依然能卖得很好。原因何在？这就涉及我们接下来要重点介绍的菜品 SKU 数量设计原则。

所谓 SKU，英文全称为 Stock Keeping Unit，定义是保存库存控制的最小可用单位，最早用于物流、仓储等领域，后来引入到电商和外卖领域。菜品 SKU，指的就是一家外卖店铺的单品数量。这是一套系统的设计原理，要综合考量以下多方面因素：

（1）周边市场调研

外卖是典型的消费指向型行业，周边市场和顾客群体的主要特点，与每一家外卖店铺都息息相关，也直接决定了店铺菜品的 SKU。

在人口相对密集的地区，顾客资源的基数比较大，即便店铺的 SKU 比较少，依然可以获得较高的曝光和订单量；但如果你的店铺处于人口相对稀疏的市场，就要适当增加菜品数量。在这样的市场之中，店铺的菜品越少，曝光量就会越小，很容易出现“菜没了，利润也没了”的情况，千万不能盲目缩减。

此外，在外卖店铺所在市场区域内，主流消费者群体的特征也会直接影响到店铺的 SKU 设计。如果你家店铺的大多数顾客，生活和工作的节奏普遍比较快，那就应该尽量精简菜品的 SKU，以满足顾客高效下单的需求；而在相对休闲或家庭化的区域，店铺就应拥有较高的 SKU，以满足大量顾客同时就餐时，可能带来的多样化需求。

在具体的调研过程中，店铺可以通过了解周边市场功能区域的划分，来分析市场和顾客的主要特点。比如，在白领阶层分布广泛的商业区，午餐时段的人口密度会比居民区高出许多，顾客对外卖的需求主要集中于便利和快捷之上。如果你的店铺正处于这样的区域，主打的就是午间快餐，那么不妨大量缩减菜品的 SKU，减至四至五个主打产品即可。同样的区域，如果你的店铺主营的是晚餐或夜宵，菜品的 SKU 设计理念则完全相反。大多数白领在晚间都会回家吃饭，这便意味着晚餐时段商业区的人口密度会大幅下降，你需要让店铺拥有比较多的菜品，以应对变化的市场环境。

（2）店铺发展阶段

外卖店铺在自身不同的发展阶段，对菜品数量的要求也不尽相同。在开店初期，店铺需要用具备较强竞争力的单品冲击市场，以求单点突破带动全局。因此，此时店铺的 SKU 不宜过多。随着店铺自身的发展，品牌的影响力不断提升，在保留优势菜品的基础上，店铺需要更加多样化的 SKU，借此满足顾客的不同需求。

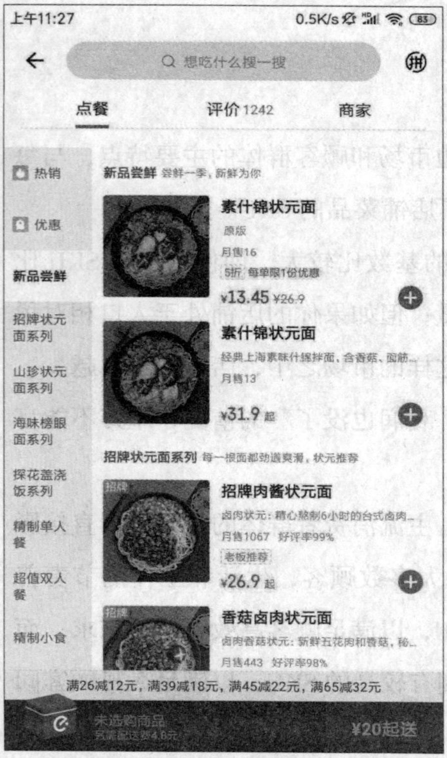

图 5-2　陈记状元拌面的应季新菜品示例

上海的陈记状元拌面是一家初具规模的面类连锁品牌，在外卖行业已经形成了一定的影响力。因此，在饿了么平台的陈记状元拌面店铺中，你能看见三十多种单品或套餐。基本每一个品类下，都会有五至十种不同的单品。除此之外，陈记状元拌面还会定期开发新的应季单品，不断丰富自己的菜单（如图 5-2 所示）。

相比之下，一些同样主营面类产品的新店，菜品数量则会精简许多，每一个品类下的SKU都不会超过五种，从菜品数量总数上看也相对较少（如图5-3所示）。

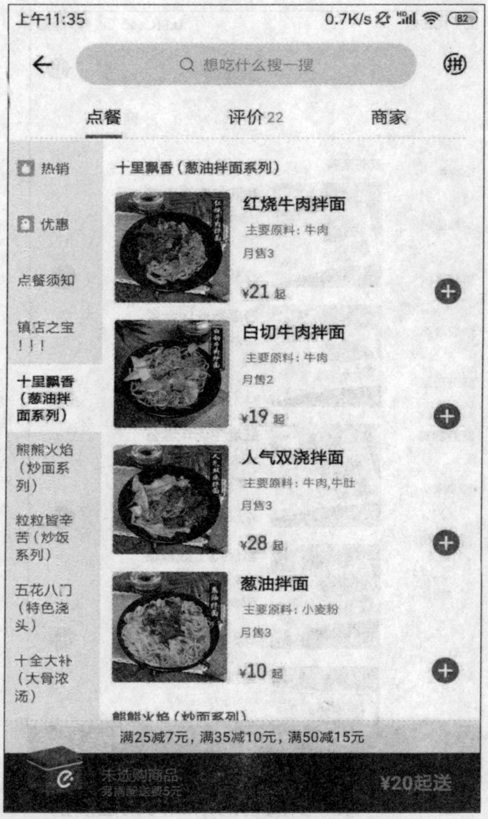

图5-3　面类外卖新店的菜品示例

（3）后端支撑力量

菜品的SKU越多，就意味着在原料采购、仓储、生产加工、出餐配送等环节，店铺要承担越大的压力。打个比方，你家店铺原本有8款菜品，当你决定上线80款菜品时，菜品虽然足够丰富，但你的损耗和原材料成本却会大幅升高，后端的出餐速度很难跟上，菜品质量也难以保证。

因此，店铺一定要根据自身的后端支撑力量，调整菜品的SKU。如果你的店铺拥有较为完善的采购、生产、配送一整套流程体系，那便完全可以适当增加菜品的SKU；如果某一环节存在明显欠缺，还是主打少量菜品为宜。须知，贪多往往嚼不烂。

2. 保留和淘汰原则

当你确定了最适合店铺的菜品SKU之后，下一步就是及时推新，在确保SKU总数大致不变的前提下，用新品替代一些不合时宜的菜品。既然是替代，自然需要选择。哪些菜品应当保留？哪些菜品需要淘汰？这些都需要外卖店主综合考量以下因素，切莫随意任性。

(1)销量

大多数外卖店铺走的都是薄利多销的路子，优先淘汰的必然是相同品类下销量较差的菜品。

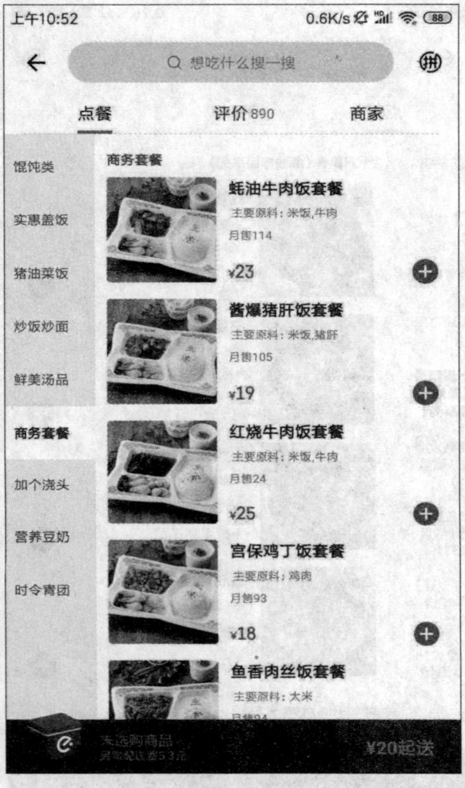

图 5-4　某外卖店铺的菜品月销量示例

以图 5-4 为例。在图中的套餐品类下，大多数菜品的月销量都在 100 份左右，而红烧牛肉饭套餐的月销量只有 24 份，明显低于平均水平。因此，该店铺如需推出新的套餐菜品，红烧牛肉饭套餐便是淘汰的首选。而像蚝油牛肉饭套餐这种在套餐品类下销量占优的菜品，则可以继续保留。

(2)成本

除了销量，成本也是影响店铺利润的重要因素之一，其中很大一部分集中于原料成本。在菜品定价和销量均相差无几的情况下，原料成本较高的菜品，利润空间自然相对较低，在推新时应当优先淘汰。

除了原料成本之外，人力成本也是菜品成本的重要组成部分。人力成本较高的菜品，在制作时会耗费更多的人力。比如，各种纯手工制作的菜品。此类菜品虽然特色鲜明，但烦琐的制作过程会严重影响店铺的整体工作效率，拖慢其他菜品的制作进度。因此，在条件合适时，便应加以更迭。

（3）出餐效率

外卖是追求方便快捷的餐饮消费形式，出餐效率对配送的速度和顾客的消费体验，有着直接的影响。因此，出餐效率低的菜品，在店铺的推新过程中也应予以取代。

（4）菜品评价

在饿了么平台的评价体系中，顾客可以对订单中的每一份菜品进行点评，菜品评价的优劣直接关系到店铺的风评和其他顾客购买的意愿。因此，店铺在选择需要淘汰的菜品时，还应充分考虑顾客对菜品的评价，将那些评价较差、口碑不好的菜品尽快下架。

言及于此，你可能会产生一个新的疑问：“我已经明白了应该将菜品数量维持在怎样的限度内，也知道了哪些菜品在推新时应该优先替换，可是，我应该如何开发出新的菜品？”推新绝不是盲目的事情，切不可为了推新而推新，为了开发出符合顾客需求的新菜品，你需要遵循以下三大步骤：

第一步，构思。在新菜品开发之前，你需要在思维层面进行构思，设计出适合自家店铺的整体开发思路。在构想的过程中，你可以从现有菜品中寻找灵感。比如，你可以从店铺内最受顾客欢迎的菜品中，解析出各种吸引顾客的因素，将其沿用到新菜品的构想中；你也可以从周边店铺的火爆菜品中借鉴经验，找到现阶段顾客的喜好和潮流，从这个方向开发新菜品。

需要提醒的是，不管你使用的是何种方法，新菜品的开发都必须建立在已有生产能力和技术水平的基础上。过于理想化的结果，往往是新菜品定位过高，以致开发失败。

第二步，研发和筛选。在形成基本的开发思路之后，你就可以着手进行实际的菜品研发工作。按照已有的菜品构想，选择合适的原料种类、味道特点、摆盘形式和制作工艺，形成具体的菜品制作方案。

此后，你还需要根据市场和顾客的需求特点，进行初步筛选，剔除明显不适合顾客需求的方案。比如，有些菜品需要用到熏制或腌制等不利于顾客健康的烹饪方法，并不适合顾客当下追求健康的饮食趋势，外卖店家应主动加以规避。

第三步，试做和试吃，这也是新菜品开发的最后一步。当你对菜品方案进行初步筛选之后，可以将剩下的方案逐一进行试做和试吃，并根据最终的体验结果，选出推新的主要菜品。

需要注意的是，试做的过程，也是对新菜品味道、分量、摆盘、调味等细节进行微调的过程。在确定新菜品的同时，也要对菜品细节进行精雕细琢，以最美的形态展示给顾客。

三、优质包装：提升复购和留存的妙招

在前两节中，我们提到了菜品的质量和新鲜感对复购留存的重要作用。此二者都是通过提升顾客的消费体验，从而实现顾客留存的目的。说到顾客的消费体验，就不得不提到一个经常被店铺忽略，但顾客格外重视的因素——包装。

1. 优质包装的作用

在饿了么平台的评价体系中，包装评分是单独的一项指标。这是因为包装的优劣，直接关系到产品在配送过程中热量的流失程度、质量和风味的保存程度。然而，我们发现，很多外卖店铺为了降低成本，使用的都是质量较为一般的包装。这便导致在配送过程中，即使配送人员尽量小心，洒落汤汁、包装变形等情况仍然时有发生，不仅影响了顾客的消费体验，降低他们复购的可能性，也会给店铺带来差评，影响店铺的排名。

现在大多数外卖店铺使用的包装，都是透明或纯色的塑料打包盒。这种打包盒虽然能够盛装食物，但在保护菜品、保持温度和提升颜值等方面的作用几近于无（如图 5–5 所示）。

图 5-5　普通打包盒式样

优质的外卖产品包装，往往能为店铺带来以下三大好处：

（1）提升菜品颜值

作为菜品的一部分，优质的包装可以装点菜品的颜值，给顾客留下良好的第一印象，最终提升顾客的消费体验。

（2）保证菜品质量

让菜品在外卖配送的过程中，减少汤汁洒落的情况，还能保持菜品的温度和味道，让外卖产品拥有不逊于堂食的质量，赢得顾客的好感。

（3）树立品牌形象

精美的包装，更容易体现店铺对待顾客的认真态度和整体风格，尤其是使用现在提倡的环保材料，能够在让顾客更加放心的同时，充分展现店铺的社会担当，有助于外卖店铺树立品牌形象，提高品牌影响力。

2. 优质包装的基本要求

以上三大好处，都能有效地提升顾客复购的可能性，让你的生意源源不绝。那么，到底什么样的包装，才算是优质的外卖包装？我们总结了以下四点，与大家分享。

（1）选用符合食品安全要求的一次性餐盒

①生产企业需诚信经营，无不良记录。

②生产企业需提供加盖红色公章的经营执照及生产许可证复印件。

③一次性餐盒上的标识应清晰明确，标识内容应当包括材质、可否微波加热、食品接触材料、生产许可等。

④生产企业需提供近期一次性餐盒质量和安全的第三方检测报告。

⑤生产企业接受相关部门对餐盒的抽检，且抽检结果合格。

（2）防止菜品撒漏

鉴于外卖产品本身的特性，我们在对产品包装进行设计时，一定要考虑菜品的撒漏问题。如果因为包装的不人性化或质量太差，而导致用户操作时撒了一地，那么一定会让用户对我们的产品印象大打折扣，很难让其再次消费。

外卖送到用户手上之后，用户会凭借产品的包装以及味道等各个方面对菜品作出最终评价。撒漏的菜品往往直接影响用户的用餐心情，这也是很多用户不愿意尝试带汤外卖的一个重要原因。

（3）为菜品保温

外卖和堂食区别之一在于外卖送到用户手里时可能会变凉。比如，饭菜分离式的外卖包装会导致表面积增大，故散热也会加快，所以需要增加一层腰封或者选用牛皮纸包装袋，起到保温作用。

（4）具备一定的宣传功能

包装不仅是菜品的“外衣”，也是店铺的一张名片。从这个角度来看，包装应该具备一定的宣传功能，在顾客用餐的同时，也能让店铺的品牌形象深入人心。

图 5-6　和合谷汤品外卖包装

和合谷的汤品外卖包装，采用的是能够耐受高温的环保材质，顶部的盖子上有五个卡扣，可以保证包装内的菜品不会外泄。在包装的配色上，和合谷选择了白色为底色，店铺名称和 Logo 则是通过黑色和红色来展示，中正大方又不失美观，比使用普通打包盒更加引人注目。与此同时，白色的打包盒还能让食材的颜色和形态，得到更加明显的展示，凸显菜品的特点（如图 5-6 所示）。

3. 打造优质包装的技巧

店铺对包装的打造，绝不能是漫无目的地按图索骥。除了以上四大基本要求之外，下面这些具体的技巧，也能帮助外卖店家，找到最适合自家店铺的外卖包装。

（1）色彩搭配

图 5-7　带标签透明外卖包装示例

从顾客的角度来说，外卖包装的优劣不一定由材质决定，他们往往更在意包装外形的表面区别。同样都是普通的透明打包盒，一个直接使用，另一个却加上了色彩鲜明的腰封或标签，即便材质完全相同，后者显然会给顾客带来更加优质的感觉（如图 5-7 所示）。

（2）有趣的文字和图案

外卖店铺每天面对着许许多多的顾客，他们的审美情趣往往千差万别。无论店铺选择何种外卖包装，都会面临着众口难调的问题，此时店家该如何处理？我们给出的解决方案是有趣的文字和图案。

外卖消费面对的主要顾客群体是年轻人，虽然他们大都追求个性化的表达方式，但对有趣的事物普遍抱有好感。因此，你可以在包装上印刷一些有趣的文字和图案，吸引年轻顾客的注意力，提升菜品和店铺在他们心中的形象，进而实现复购留存。

吉祥馄饨在外卖包装上，印上了可爱的猪鼻子图案，既引人注目，又颇显俏皮（如图 5-8 所示）。

图 5-8　带有有趣图案的外卖包装

正是这样一个小小的点缀，让原本平淡无奇的白色包装，彰显出吉祥馄饨独特的品牌调性。这种简单而又有趣的图案，很容易打入顾客的心智。当他再次看到类似图案时，会迅速地联想到吉祥馄饨的外卖菜品，从而提高复购的意愿。

（3）包装的材质、形式与成本

当我们在网络上搜索外卖打包盒的时候，会看到很多形状各异、材质特殊的包装盒。这些包装确实标新立异，能够满足外卖店铺对优质包装的所有需求，然而与之相对的，是这类外卖包装的高昂成本，笔者也通过电商平台了解到一些包装材质的成本，表格内容仅为笔者个人调查，具体价格会因品牌、服务等而有所不同，请以实际价格为准（如表 5-1、表 5-2 所示）。

表 5-1　包装材质与成本对比

材质	成本
纸浆类	1.5 ~ 2 元 / 个
牛皮纸类	0.9 ~ 1.5 元 / 个
锡纸类	0.7 ~ 1.5 元 / 个
卡纸类	0.7 ~ 1.2 元 / 个
黑胶盒类	0.4 ~ 0.8 元 / 个

表 5-2　包装形式与成本对比

形式	成本
敞开式	0.4 ~ 0.9 元 / 个
可撕式	0.5 ~ 0.8 元 / 个
可提式	0.6 ~ 1.2 元 / 个
半透明式	0.7 ~ 1.2 元 / 个
抽拉式	1.5 ~ 2.5 元 / 个

在了解这一情况之后，你需要做的是根据自家店铺在菜品包装上的成本预期和平均订单量，来决定选择何种包装材质和形式。切记，对于一家外卖店铺来说，永远没有最好的包装，你要找到的只是最适合的那一种。

（4）分装菜品

配送过程总是免不了颠簸，因此很多菜品其实并不适合盛装在同一个打包盒中配送。比如，如果将炒菜和米饭装在同一个打包盒中，炒菜的油和汤汁很容易渗入米饭中，影响米饭的口感。与此同时，在一个包装盒中盛装太多的饭菜，也极易造成撒漏，影响顾客的消费体验。

为了防止这些情况的出现，你可以将某些外卖菜品分装。比如，饭菜、汤面等，便可以将饭和菜、面和汤分开盛装。这种做法既不会影响单品的口感，还能更好地保护包装内的菜品。虽然确实提高了成本，但相比顾客的复购，这种投入还是十分值得的。

四、精细化管理：实现持续复购的秘方

此前我们分享的影响复购留存的三大要点，无论是菜品的质量和新鲜感，还是菜品的包装，其实都是从产品本身的角度拉动顾客的复购欲望。本节我们的讲解重点，将从产品的层面转向顾客管理的层面，探讨如何通过对顾客的精细化管理，来提升店铺的复购留存率。

很多外卖店主都有着这样的困惑：“我早就认识到了顾客复购的重要性，也在不断尝试各种举措，希望能够留住老顾客，但总是事与愿违。为什么尽管我付出了很大努力，却只能留住老顾客中的一小部分，大多数却不断流失？”

之所以会出现他们口中的这种情况，很大一部分原因在于顾客的千人千面。一千个人眼中，会有一千个哈姆雷特。你的所有努力，在某些顾客看来，确实是值得再次消费的推动因素，但在其他顾客眼中，却并不一定如此。你需要做的，其实是对顾客黏性的有效管理，这便涉及了本节的主题——精细化管理。精细化管理能够将不同类型的顾客加以分类，并区别对待，力求影响到每一个顾客，全面提高顾客群体的品牌忠诚度。值得一提的是，精细化管理的效果十分显著，可操作起来并不复杂，你仅需要从以下两大方面着手：

1. 分群

精细化管理的第一步，便是对店铺的顾客群体进行合理的分群，帮助店铺区分不同类型顾客的消费特征，进而有针对性地进行营销和管理，提高顾客对店铺提供的优惠等福利的敏感度，达到事半功倍的效果。

你可以在饿了么商家版的手机端 App 中，对顾客进行分群操作。具体而言，你仅需先进入管理界面的顾客中心选项，然后选择顾客分群，就可以对店铺内所有顾客进行特征分群操作（如图 5–9 所示）。

图 5–9　顾客分群的操作流程

顾客分群的依据，通常是他们不同的消费特征。饿了么平台上的顾客，大致可以分为以下六种不同类型：

（1）忠实顾客

通过对顾客在店铺内下单频率的筛选，你可以提取出最近三天、一周或两周以内、一个月或两个月以内，下单频次最高的顾客群体。这类顾客是店铺的忠实顾客，在后续的管理上并不用给予太大的优惠力度。对待此类顾客的关键在于持续，你要用源源不断的优惠活动保持他们的黏性，还可以周期性地组织一些老客活动，提高他们参与活动的热情。

（2）高客单价顾客

根据顾客订单的价格，店铺可以将客单价较高的顾客单独分群，然后以20元、30元、40元等不同客单价，对这部分顾客进一步细分，按照不同的客单价，设计相应的优惠和红包。

（3）收藏店铺顾客

收藏店铺这一行为，往往意味着顾客对店铺的认可。此类顾客通常具备较高的复购留存可能性，店铺在管理方式上，应与忠实顾客类似，经常性地提供稳定的优惠，鼓励这些顾客的下单和复购。

（4）下单未完成顾客

在饿了么商家版后台，你可以得到曾在店铺内下单，但没有完成付款的顾客名单。这种行为，通常意味着顾客对店铺内的菜品比较满意，但对价格相对敏感，所以才会在付款时选择放弃。

对于此类顾客，店铺在后续的管理工作中，可以利用优惠和红包，促成首单交易，然后用优质的菜品质量和服务牢牢吸引住他们，从而提升复购留存率。

（5）进店未下单顾客

顾客成功进店，往往说明店铺的装修具备足够的吸引力，而最终导致下单转化失败的，可能是菜品没有达到顾客心目中的标准，或是价格超出了顾客的心理预期，抑或是评论界面存在太多不利于店铺的负面评价。

在管理此类顾客的过程中，店铺可以利用相对较大的优惠力度，促进顾客的下单转化。同时还要在菜品、价格和评论方面多下功夫，一方面提升菜品的性价比，另一方面提升店铺的口碑和评分，逐步消除负面影响。

（6）时段顾客

店铺还可以用一天内不同的时段作为筛选标准，将顾客进行分群。比如，早餐、午餐、下午茶、晚餐和夜宵等。

对于此类顾客，店铺可以用时段性优惠的方式，目的明确地提升顾客下单的概率。如果你的店铺属于多品类经营，还可以用其他时段的优惠，来激发顾客的潜在需求，引导顾客的复购行为。

在进行以上六种顾客分组时，店铺可以在平台上直接设置筛选条件，平台会自动进行筛选（如图 5-10 所示）。

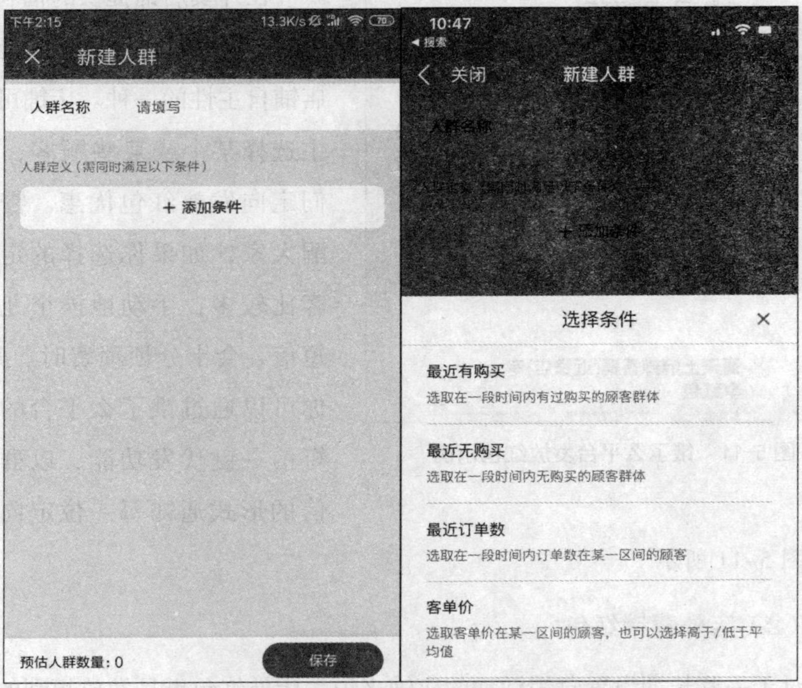

图 5-10　顾客分群的条件筛选

图 5-11　饿了么平台发放红包示例

2. 多渠道发放福利

分群的目的，是针对不同类型的顾客，设计不同的优惠和福利，以此促进下单和复购。然而，在现实生活中，顾客收取福利的渠道往往也存在差异。因此，店铺在合理分群的基础上，还要提供以下几种福利的渠道，借此实现对顾客的全方位覆盖。

（1）定向赠红包

在外卖店铺提供的福利渠道中，定向赠红包无疑是最能体现店铺自主性的一种。店铺可以自主选择某个或某些顾客，向他们定向发放红包优惠。需要提醒大家，如果你选择的定向顾客比较多，手动地挨个儿发送短信，会十分烦琐费时。此时，你可以通过饿了么平台的系统短信一键代发功能，以群发短信的形式通知每一位定向顾客（如图 5-11 所示）。

（2）店外营销红包

对于一些长期设置营销活动的店铺来说，店外红包也是发放福利的重要渠道之一。比如，加入了“品质联盟”活动的店铺，可以通过设置店外营销红包，通过平台以天降红包的形式发放给顾客，也可以通过微信、支付宝等其他平台渠道发放（如图 5-12 所示）。

图 5-12　店外营销红包

（3）下单返红包

下单返红包，是指顾客在店铺消费后，有机会获得店铺赠送的用于下次消费的优惠红包。相比其他福利渠道，下单返红包可以更加直接地增强顾客的黏性，提升他们复购的欲望。

值得一提的是，这种福利渠道不仅能对老顾客产生巨大的影响，对初次进店的新顾客也同样有效。虽然这些新顾客在本次消费中，并不能直接享受到红包福利，但会让他们对下次消费充满期待。从这个意义上说，与心理学中经常提到的“延迟满足”有着异曲同工之妙。

店铺可以在饿了么商家版手机端的营销活动中心中，创建或修改下单返红包的优惠设置（如图 5–13 所示）。

图 5–13　下单返红包的设置流程

（4）微信红包

除了通过平台直接发放红包之外，你还可以建立顾客微信群，以微信红包的形式，给予顾客优惠福利。一个忠实的顾客，绝不仅是店铺稳定的订单来源，更应是店家的朋友和伙伴，和店铺共同成长。

建立一个良性互动的顾客微信群，能够进一步加深顾客与店铺之间的联系，进而形成店铺的主题社区。在多方不断的沟通和互动下，顾客对店铺的认可也会从理性认同逐渐发展为感性认同，成为我们经常听到的“铁粉”。这对保持忠实顾客的复购留存，以及打造店铺口碑，都具有十分重要的意义。

（5）扫码优惠

除了以上提到的线上福利渠道，店铺还可以在外卖包装中留下印有优惠二维码的纸条、卡片或贴纸等，提醒顾客通过线下扫码获取优惠。

有些顾客进行外卖消费的频率较低，可能在单次消费之后的很长一段时间里，都不会再次下单。如果在平台上直接给此类用户发放红包，在他下次消费时优惠可能早已过期。与其做无用功，店铺不如用最原始的纸笔方式提醒顾客，激励他们进入平台或直接扫描二维码获取优惠，促进复购。

在本节的最后，我们还想提醒大家，无论是何种类型的顾客，都很难抵抗超预期惊喜的威力。因此，在你对顾客进行合理分组，并采取多种渠道发放福利的同时，还要为顾客设计一些超预期的惊喜。比如，在外卖中附送一些免费的小菜、水果、口香糖等，这对提升顾客的消费体验，实现复购留存，能够产生意想不到的作用。

五、精准营销红包：拉新复购两不误

在上一节中，我们提到店铺可以针对不同类型的顾客，设计针对性的福利和优惠，从而提升他们的复购留存率。这种有针对性的福利和优惠，便是“精准营销红包”，对于打造忠诚的顾客群体意义重大，本节将进行重点介绍。

在现在的外卖市场上，店铺提供各种各样的优惠已是常态，而大多数顾客也已习惯于先领取一定数额的红包再下单消费。然而，我们却发现，很多店铺的红包设置过于随意，存在各种问题。有的红包种类单一，能够吸引的顾客类型较少；也有的红包数量虽然很多，但不能匹配顾客的消费需求，即便领取了也不会产生实际意义。

为了让店铺更好地运用红包来提升顾客的复购留存率，节省不必要的成本开支，饿了么平台专门推出了“精准营销红包”功能。店铺可以通过饿了么店铺的手机端 App，进行精准营销红包设置。具体操作时，店铺可以在管理页面的顾客中心，选择不同类型的红包，发送给特定的顾客群体（如图 5–14 所示）。

图 5-14　精准营销红包设计流程

在饿了么平台上，店铺可选择的精准营销红包有五种，分别对应五种不同的顾客类型（如表 5-3 所示），以下分而论之。

表 5-3　精准营销红包对应场景

红包类型	目标人群建议	筛选条件示例
获取新客红包	浏览过门店但未下单的顾客，对店铺有印象	1. 最近无购买 2. 最近有进店 3. 最近加购物车
召回老客红包	在门店有过购买记录，但是较长时间未购买，店铺印象淡化	1. 最近有购买 2. 最近无购买 两个时间差中的顾客就是目标顾客
提升客单价红包	在门店有过购买记录，且客单价较高的顾客，拥有相对较高的消费潜力	1. 最近有购买 2. 客单价
优质评价红包	经常在店铺消费，比较忠实的顾客，愿意通过评论分享消费体验	1. 最近有购买 2. 最近订单数 3. 是否收藏店铺
自定义红包	根据店铺自己设计的条件筛选出的顾客群体	店铺自己设计的筛选条件

1. 获取新客红包

很多外卖店铺具备优质的产品和服务，在店铺装修上也足够吸引人的眼球，但在性价比上稍显不足。很多顾客在面对此类店铺时，往往并不缺少下单的欲望，而是临门一脚的推动力。“获取新客红包”便是为此类顾客量身打造，店铺可以利用“获取新客红包”，降低顾客初次消费的实际花销，从而推动顾客的下单欲望。

需要提醒大家，在使用“获取新客红包”的同时，店铺一定要确保自身的产品和服务能够满足顾客的需求。否则，红包带来的只能是“一锤子买卖”，无法形成有效的复购留存。

2. 召回老客红包

虽然忠实顾客对于店铺的专一程度较高，但并不意味着老顾客不会离店铺而去。顾客的需求是不断变化的，当店铺提供的产品或服务不再符合顾客当前需求的时候，即使顾客一度十分喜爱这家店铺，也会逐渐远去。

在意识到这种情况之后，很多店铺都会进行产品创新和服务升级，以此满足顾客的全新需求。然而，顾客自己回归的可能性相对较低，店铺需要一个强有力的提醒来召回这些已经离开的老顾客，“召回老客红包”便是你的最佳选择。

饿了么平台数据显示，2018 年 7 月，上海的小桃园（复旦大学店）就通过使用“召回老客红包”，让以往消费过的顾客群体贡献了 700 多个订单；同年 8 月，上海的大开沙界也通过“召回老客红包”，实现了500多单复购。

请大家注意，“召回老客红包”一定要和店铺的自我阶段性升级关联使用。当店铺推出应季新品和新的优惠活动，或者进行产品升级时，便可以利用“召回老客红包”试探老顾客对“新”店铺的看法，以此提高复购率。具体如何设置红包数额或召回哪些老顾客，饿了么平台都会提供固定的算法，帮助店铺快速解决这些问题。

3. 提升客单价红包

外卖主要走的是薄利多销的路子，店铺除了可以通过提升销量来增加整体收益之外，也可以采取提升客单价的方式，提高顾客单次消费的利润空间。比如，平台上最为常见的优惠——满减活动，顾客单次消费达到的门槛越高，得到的优惠额度也越高。然而，有些满减活动的性价比较差，无法让所有顾客满意。为此，平台还专门提供了额外的优惠吸引顾客下单，这就是“提升客单价红包”。

“提升客单价红包”在设计时，最好和店铺的满减活动门槛一致。比如，满减活动为满50元减12元的店铺，提升客单价红包的门槛也应该是满50元可用，或者略高于50元时可用。

满减活动为梯次设计的店铺，也要引入客单价的顾客筛选选项，对顾客进行分类。比如，满30元减10元的顾客、满40元减12元的顾客、满50元减15元的顾客等，然后根据不同的分组进行红包发放。

4. 优质评价红包

对于外卖店铺来说，顾客的评价至关重要，不仅影响店铺的排名情况，还会对新顾客产生直接的影响。然而，很多顾客在外卖消费之后，并不会主动对此进行评价。为了解决这一矛盾，平台提供了“优质评价红包”，用看得见摸得着的利益，刺激顾客进行评论。

店铺可以在自家店铺内，以文字的形式提醒顾客用餐后进行评论（如图5–15 所示）。与此同时，店铺还要提前告知顾客，只有图文并茂的优质评价才能获得红包。如果因为评价形式不达标，导致顾客最终没有获得红包，便会降低他们的消费体验，对复购产生不利影响，这是店主最不愿意看见的事情。

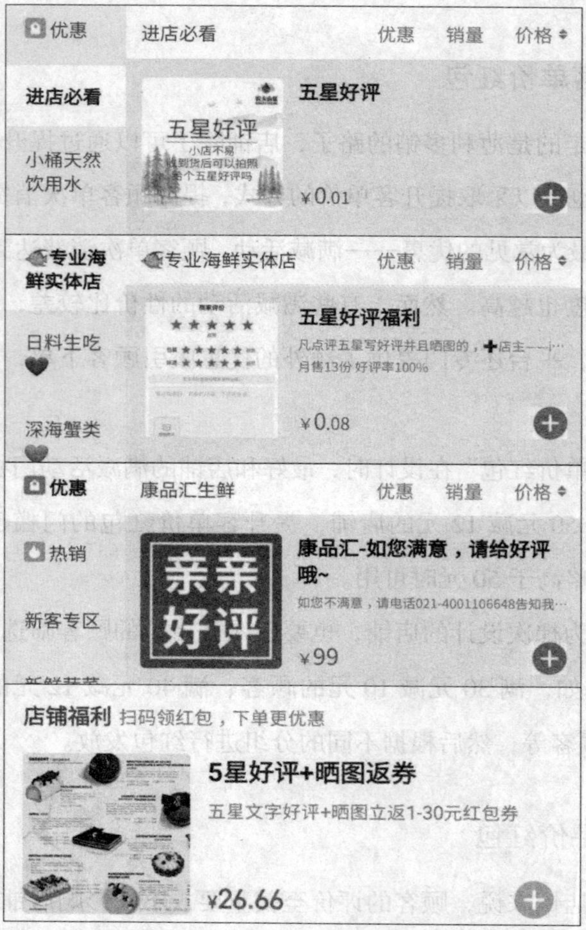

图 5–15 “优质评价红包”提醒示例

5. 自定义红包

除了以上四种精准营销红包，店铺还可以根据自身特殊需求，自行选择顾客分群的筛选选项，并针对这些特定用户的特点，设计专门的红包。这种红包的具体操作因店铺而异，在此不做过多赘述。

在发放自定义红包时，店铺还可以使用此前提到过的短信群发功能。在具体操作时，店铺需要先在顾客中心的自定义红包选项中，选取短信群发服务并按需购买（如图 5-16 所示），此后便可以充分享受平台提供的一键群发功能，十分方便快捷。

图 5-16　自定义红包短信群发功能

精准营销红包，往往能够有指向性地影响顾客的下单和复购欲望，相比其他宽泛的营销手段更为直接有效。外卖店主如能充分了解并妥善运用，相信很快便会让自家店铺的利润，产生较为明显的积极变化。

第六章

数据管理：不懂数据分析，就别谈盈利

互联网与餐饮业的联姻，一方面造就了外卖市场的爆发性增长，另一方面则带来了数据意识的普及。数据反映的往往是店铺现有问题，与数据同样重要的是寻根究底、顺藤摸瓜，找到问题的根源，让店铺更好地应对未来。

数据有时也会“说谎”，单看某一方面的数据可能比较片面。因此，在本章中，我们会从营业数据、店铺流量数据、顾客数据、商品数据和营销活动数据五个方面，对店铺的各种数据进行全方位解读，分析数据背后存在的问题，帮店铺实现更高的价值转换。

一、营业分析：读懂营业数据，才能盈利翻番

有些外卖店主，尤其是刚刚入行的新手，在店铺的日常经营中，经常会犯下这样一个错误——忽略营业数据的重要作用。他们在经营店铺时，不是盲目模仿其他热门品牌，就是凭着自己的理想化假设一往无前。而最终的结果，大多是入不敷出，难以为继。

毫无疑问，要想开家赚钱的外卖店铺，你必须学会精打细算，营业分析则是第一步。在很多外卖店主看来，财务无非就是简单的记账工具。一提起营业分析，他们脑海中出现的第一个词就是“省钱”，这是一种极其错误的观念。营业分析是店铺经营的基础，它的目的绝不是省钱，而是把钱用对地方，帮助店铺更好地盈利。

营业分析的前提是掌握数据，你只有对自家店铺的相关营业数据了如指掌，才有可能在此基础上加以分析。饿了么商家版手机端应用能让你在第一时间里，查看自家店铺的营业数据。具体查看流程十分便捷，你只需要在店铺管理页面的顶端入口，点选营业统计，就可以查看店铺在任意时间段的营业额、客单价等相关数据（如图 6-1 所示）。

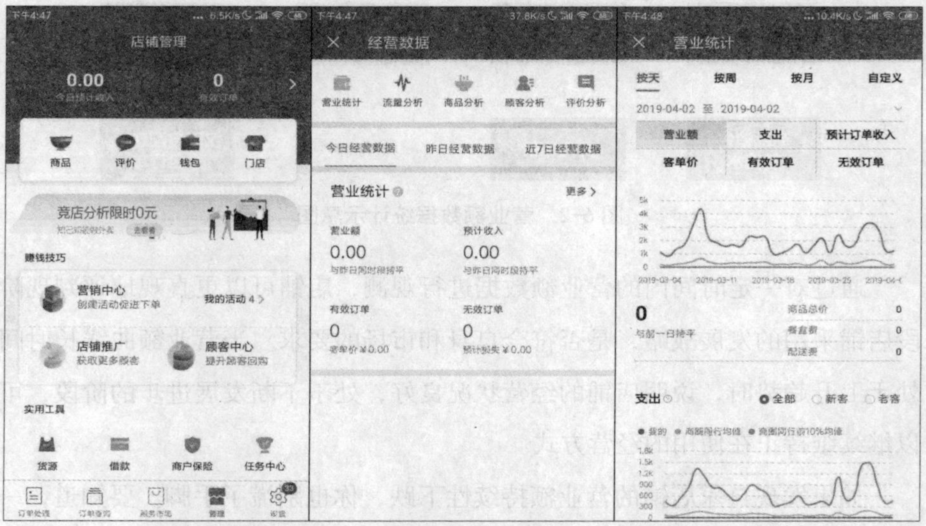

图 6-1　店铺营业数据的查看流程示意图（版本信息：饿了么商家版系统版本 V7. 18. 4）

外卖店铺的营业数据分析，大致可分为两个维度。一个是店铺自身的数据分析，另一个则是所在商圈的数据分析。前者是为了让你了解自家店铺的实际经营情况，后者则能让你明白所在商圈的发展潜力，为店铺的后续发展指明方向。正所谓知己知彼，百战不殆。下面，就让我们分别介绍这两大维度。

1. 店铺自身数据分析

店铺的自身数据一共包含以下五种，平台会以时间顺序进行详细记录，店主可以在饿了么商家版后台自行查看。

（1）营业额数据

营业额数据以天、周、月为单位，对外卖店铺营业额进行系统展示。在趋势曲线图上，你能分别查看新客和老客带来的营业额，根据趋势走向判断店铺的发展前景。与此同时，你还能直接看到商圈内同行的平均营业水平，以及 10% 头部店铺的情况，了解自身与它们的差距（如图 6–2 所示）。

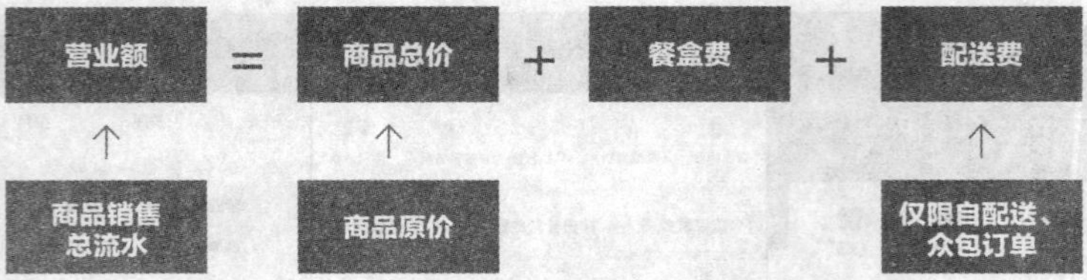

图 6-2　营业额数据统计示意图

通过对一定时间内的营业额数据进行观测，店铺可以更直观地评判现阶段店铺采用的发展战略，是否符合自身和市场的要求。当营业额曲线长时间处于上升趋势时，说明店铺的经营状况良好，处于不断发展进步的阶段，可以继续维持正在使用的经营方式。

如果发现自家店铺的营业额持续性下跌，你也别慌了手脚。要知道，一些特殊情况也会导致店铺营业额下跌。比如，某些营销活动结束之后后续的活动没有跟上，特殊时期周边居民数量减少，区域内同类型店铺的数量增多，等等。如果你已经排除了这些特殊情况，那就说明店铺自身的某个环节出现了问题。此时，你需要综合其他数据分析手段，比如流量分析、产品分析等，找到问题的根源，并加以解决。

（2）支出数据

一家外卖店铺的利润，当然来自收入和支出的差额。如果你想获得更高的利润，除了想办法提升销售额之外，还要学会控制成本，也就是支出。通过支出数据统计图，你可以快速掌握自家店铺在不同时间段的单位支出（如图 6–3 所示）。

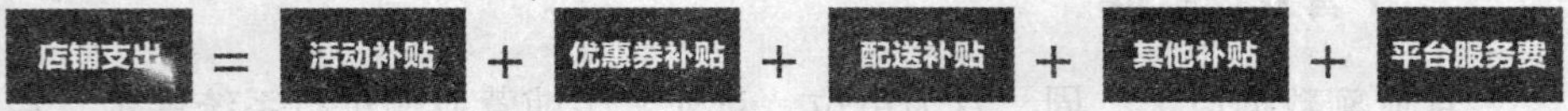

图 6-3　支出数据统计示意图

当店铺单位支出高于平均水平，说明在你的店铺里，同样的菜品要耗费比同行们更多的成本。一旦出现这种情况，你便需要合理优化店铺的经营环节，以此降低支出。在平台的支出数据统计图中，店铺的每一项经营支出，包括活动补贴、优惠券补贴等，都会以数据的形式具体呈现，你可以非常方便地找到自家店铺的成本“黑洞”，有针对性地加以优化。

（3）预计订单收入数据

预计订单收入是平台根据店铺的营业额和支出情况，计算出的差额（如图 6–4 所示）。需要提醒的是，预计订单收入只是理论上的收入。要想得出自家店铺的真实利润，你还要在此基础上，扣除原料成本、人力成本和店铺租金等额外支出。

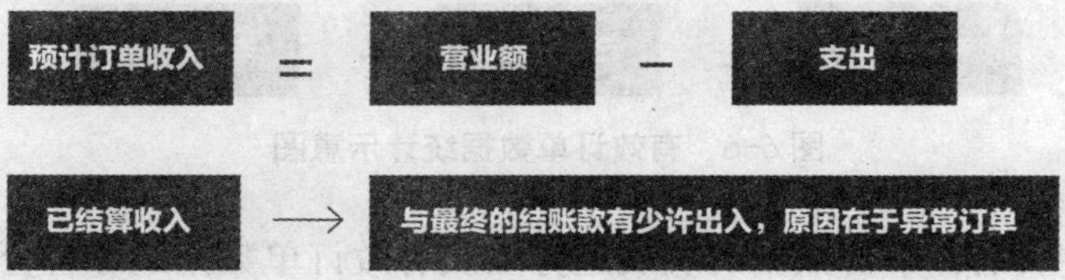

图 6–4　预计订单收入数据统计示意图

根据预计订单收入数据的统计情况，你能在大体上判定，店铺是否比前一天更赚钱。如果相对前一天，店铺的预计订单收入有了明显的增长，那么你就需要回顾一下自己作出了哪些改变，并从中分析哪些改变切实有效，可以继续推进。

如果相对前一天，店铺的预计订单收入不增反降，你也要分析一下，店铺在哪些方面还存在不足。比如，是缺乏吸引新客的动力，还是老客的黏性较差，进而有的放矢。

（4）客单价数据与有效订单数据

客单价数据，指的是在单位时间内，所有在店铺内形成消费的顾客支付的每单平均价格（如图 6–5 所示），计算公式为：

客单价 = 用户支付金额 ÷ 有效订单

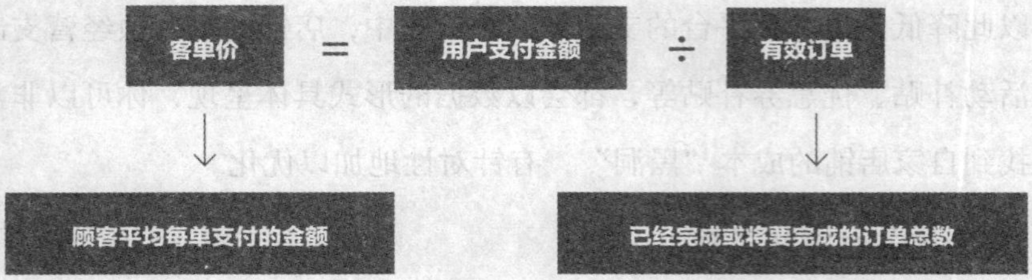

图 6-5　客单价数据统计示意图

其中，用户支付金额是指在这段时间里店铺的实际收入，而有效订单则是指已经完成或将要完成的订单总数，这在平台的数据统计中也有专门的记录（如图 6-6 所示）。

图 6-6　有效订单数据统计示意图

通过对店铺客单价数据的发展趋势以及有效订单数据的综合分析，你能直观地判断店铺的盈利状况和未来发展的可能。最理想的店铺经营状况，便是在同一时间段内，订单量与客单价同时增长。

（5）无效订单数据

无效订单，指的是由于顾客个人原因或店铺原因导致退订的订单（如图 6-7 所示）。

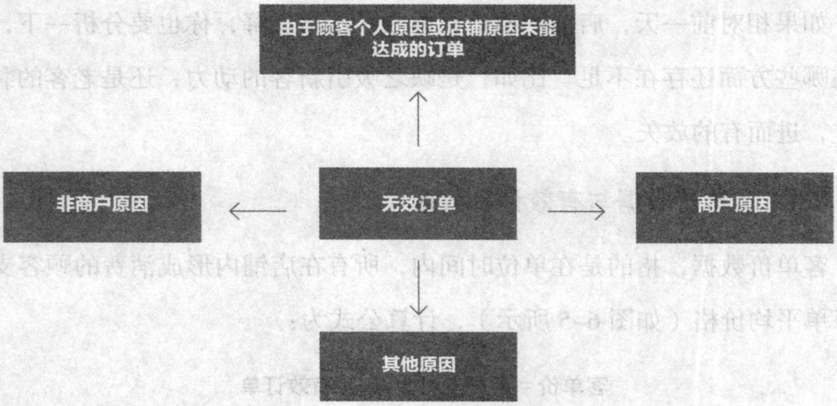

图 6-7　无效订单数据统计示意图

这个数据经常会被一些外卖店主忽略，但实际上它能说明很多问题。比如，顾客出于某些原因退订，如果这些原因和店铺有关，你就要在日后的经营中改正和规避，以免重蹈覆辙。在作出整改后，你也可以通过无效订单数据的变化情况，判断是否成功解决了问题。

2. 商圈分析

在外卖店铺的实际经营中，如果仅仅分析自身的营业数据，往往会陷入主观，你还需要随时掌握自身所在商圈的具体情况，对自家店铺的发展战略进行佐证和优化。

外卖店铺的商圈分析，包含五个重要因素：人文环境、消费水平、人流情况、交通情况和市场饱和度，以下分别加以介绍。

（1）人文环境分析

人文环境主要指的是商圈内顾客的消费偏好。比如，产品的口味偏好和类型偏好。对人文环境进行客观分析，能够让你全面了解商圈内消费者的消费习惯和口味偏好，对店铺的菜品打造和营销活动能够起到指导作用。

需要强调的是，人文环境是一种广义的文化定义，存在相对的个体偏差，平台无法提供具体的数据支持。尽管如此，你依然可以借用一些当地平台的统计数据。比如，各种美食团购或点评软件对于不同类型店铺的评价，选择相对评分较高的店铺，分析其产品口味的相似点。除此之外，你还可以自行开展问卷调查。为了确保样本的有效性，你最好先将商圈进行区域划分，在不同区域内进行一定数量的调研。

（2）消费水平分析

通过此前提到的客单价数据分析，你能对商圈平均客单价以及商圈内前10%优质店铺的客单价有个大致的了解（如图6–8所示）。将商圈客单价的数值与自家店铺的客单价数值进行对比，你便可以更准确地为单品和套餐定价，并实施最合理的优惠策略。

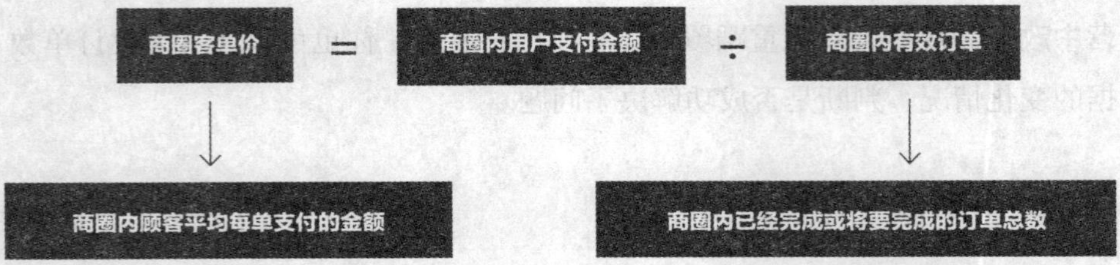

图 6-8　商圈消费水平数据统计示意图

商圈平均客单价，代表的是商圈内顾客普遍能够接受的消费水平。如果店铺的客单价低于商圈平均客单价，你便可以逐渐提高菜品的价格，反之亦然。当然，这样做的前提，是店铺内的菜品质量已经达到了商圈平均水平。

（3）人流情况分析

商圈内的人流量，直接关系到店铺的顾客群体基数，对于一些即将开业或扩张的店铺极为重要。虽然，外卖的出现在一定程度上确实减少了餐饮消费的地域限制，但对于追求高效快捷的现代人来说，在进行外卖消费时，还是更加偏爱距离较近、配送较快的店铺。

店铺可以利用一些网络软件获取区域人流量数据。比如，百度地图的热力图功能，可以让你非常直观地掌握商圈内不同区域的人口密度和总体数量（如图 6-9 所示）。

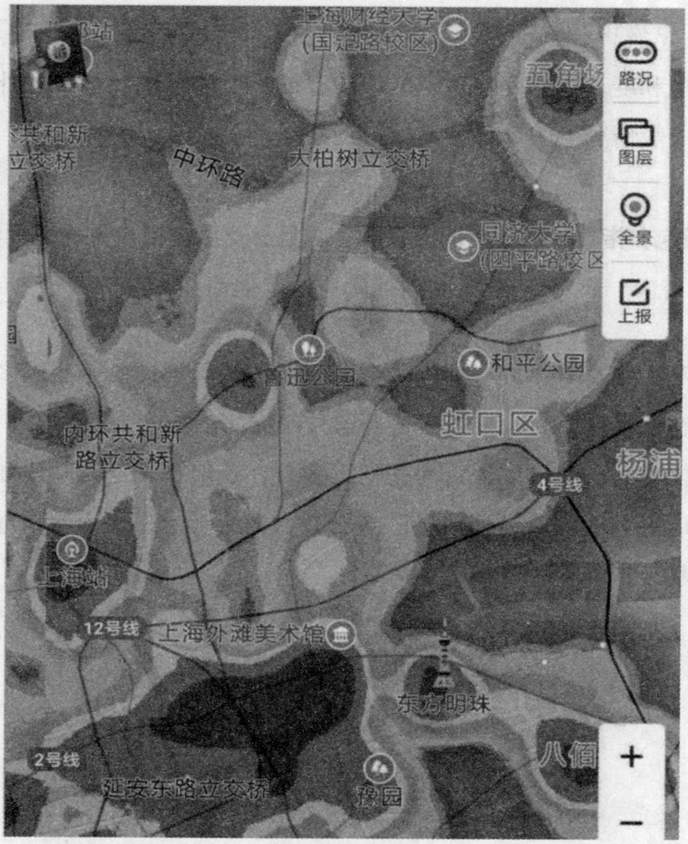

图 6-9　人流情况数据统计示意图

（4）交通情况分析

配送是影响外卖顾客消费体验的一个重要环节。高效的配送，能够保证食物在运送过程中不会出现口味的明显变化，也能避免顾客由于长时间等待而产生的厌烦或不耐情绪。这便意味着，你可以利用一些交通地图软件，分析某些时段拥堵的路段，在设计配送路线时尽量避开。配送员在运送外卖的过程中，也可以利用这些软件，获取实时的道路信息，灵活调整配送路线。

（5）市场饱和度分析

市场饱和度，指的是在一定区域内，商圈所能容纳和承载的外卖店铺数量上限。一般情况下的计算公式为：

商圈市场饱和指数 = 商圈内的潜在顾客数目 × 商圈内用户人均饮食消费支出 ÷ 商圈内外卖店的营业面积

当饱和指数达到 100% 时，说明该地区已经不再具备养活更多店铺的能力，店铺在选择商圈时，要尽量避开这种区域。

具体操作时，你可以通过一些数据平台，获取在一定时间段和区域范围内，新开店铺和倒闭店铺的数量。当二者数据持平时，便说明该地区的外卖市场已经趋于饱和。

二、流量分析：有效提升店铺的流量转化率

通常情况下，外卖店铺的营业额和流量成正比。流量越多，意味着有越多的顾客能够看见你的店铺，成为你的潜在顾客，有可能在你的菜品、服务和营销活动吸引下，进行尝试性消费，从而提升你的营业额。

请注意，流量并不直接等同于下单量，这里涉及一个关键词：流量转化率。不是所有的流量都会转化为有效的订单。如果你家店铺的菜品或装修无法令顾客产生兴趣，或者存在大量的差评和顾客投诉，这些流量也会在进店简单浏览之后离去，转投竞争对手的怀抱。

流量转化率有两大组成部分，分别是进店转化率和下单转化率。你可以通过以下两个公式，分别进行计算：

进店转化率=进店顾客数量÷曝光顾客数量

下单转化率=下单顾客数量÷进店顾客数量

在本书的第三、第四两章中，我们对如何提高店铺的进店转化率与下单转化率，进行了详细的介绍，也提出了一些具有普适性的方法。然而，在现实经营中，许多外卖店主往往处于“当局者迷”的状态，搞不清自家店铺究竟出现了哪些问题，在具体的方法选用上可能出现偏差，做了许多无用功。

为了切实帮助外卖店主解决流量转化问题，饿了么平台专门推出了流量分析功能，用简单透明的数据方式，让外卖店主一眼洞穿自家店铺在流量转化方面的不足，有针对性地加以解决。

你可以在店铺管理界面的顶端入口，点击进入经营数据界面，选择流量分析选项，便可分别查看曝光顾客数、进店顾客数、下单顾客数、进店转化率和下单转化率五大数据，以及自家店铺和商圈的对比情况（如图 6–10 所示）。

图 6–10　店铺流量数据查看流程示意图（版本信息：饿了么商家版系统版本 V7. 18. 4）

数据的真正价值，在于分析问题并解决问题。以下我们将从三个角度，为你介绍如何分析使用店铺的流量数据。

1. 直接对比

在流量分析界面，你可以直接查看不同时段内，店铺进店转化率和下单转化率的变化情况，据此找到当下存在的问题并着手解决（如图 6–11 所示）。

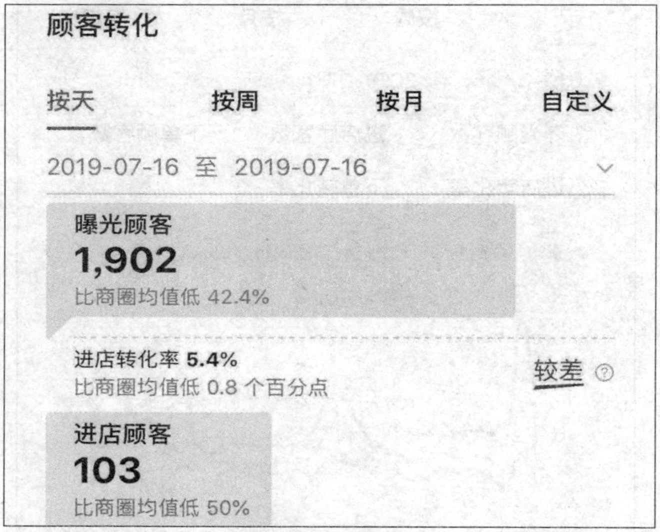

图 6–11　店铺流量转化率统计数据示意图（版本信息：饿了么商家版系统版本 V7. 18. 4）

如果你的店铺刚刚起步，或者前期基础较差，通过自身对比往往无法全面说明问题。此时，你便可以通过平台对店铺进店和下单转化率的评级，判断同一商圈内其他外卖店铺的平均水平，找到差距所在进行重点攻克。

2. 趋势分析

流量分析能够让你准确掌握店铺流量转化率的变化情况，需要注意的是，有时流量转化率的下降，并不是由店铺自身原因造成的，问题可能出在市场环境的整体波动。此时的数据下行，并不意味着店铺的流量转化出现了问题。你需要在数据对比的基础上，进一步分析流量转化的大趋势，提高对比结果的准确性。

在店铺流量变化趋势图中，你可以直接获取店铺自身、商圈内同行店铺和商圈内前 10% 优质店铺，在不同时间节点内，进店转化率和下单转化率的变化情况（如图 6–12 所示）。

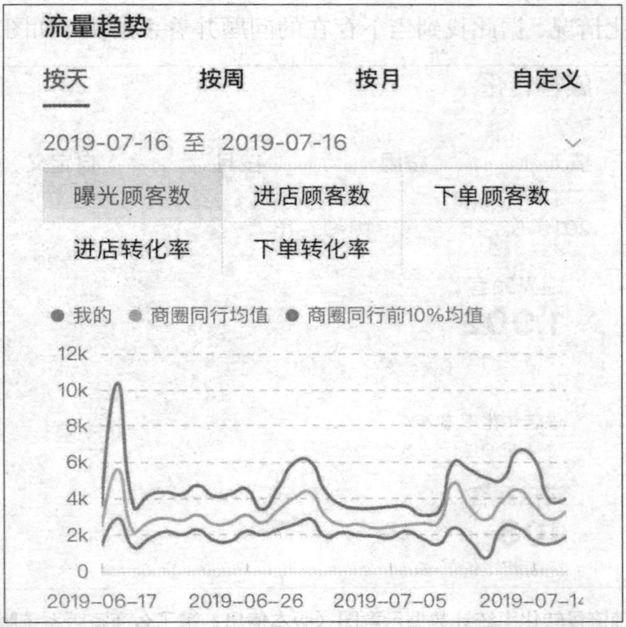

图 6–12　店铺流量变化趋势数据示意图（版本信息：饿了么商家版系统版本 V7. 18. 4）

在同一时间段内，如果你家店铺的变化幅度，与同行平均数据和前 10% 优质店铺数据相比，存在着比较明显的差异，那么，这种变化应该来自店铺自身，你需要从内部的经营环节中，找到解决问题的突破口。如果差异并不明显，那就说明变化来自市场整体波动，你需要做的要么是勒紧裤腰带准备“过冬”，要么是跨入其他细分领域，为店铺找到新的利润空间。

3. 细节对比分析

当你通过前两种方法，找到店铺在流量转化方面存在的明显问题之后，你需要从渠道的细节数据入手，准确定位出现问题的具体环节，从而制定行之有效的流量转化率优化方案。

根据用户看到店铺以及进入店铺的不同方式，饿了么平台将流量来源分为五个渠道，分别是搜索、品类入口、导购模块、推荐商家列表以及其他。根据不同流量渠道的曝光和进店转化率数据，你能得到准确的店铺流量来源结构，进而找出需要优化的具体环节（如图 6–13 所示）。

图 6–13　店铺曝光、进店转化渠道数据示意图（版本信息：饿了么商家版系统版本 V7.18.4）

如果你家店铺的进店转化率，远远低于商圈平均水平，应该如何解决？这个问题其实不好回答，因为它涵盖的内容太多，可能是搜索方面出了问题，也可能是导购模块的操作有误，还有可能是其他原因。

这时，你需要做的事情肯定不是盲目尝试，“瞎猫”当然有机会碰上“死耗子”，但是随之而来的沉没成本太高，完全没有必要。最好的方法，便是打开饿了么商家版的顾客来源界面，在店铺的流量来源中，寻找问题的最优解决方案。

比如，在图 6–13 中，可以发现在推荐商家列表中，进店转化率非常低，而且来源与优秀同行相比在人数上差距较大。这时候需要分析原因有以下几个方面：可能新客较少，因为在老顾客的推荐列表里，已经购买过的，商铺推荐加权会提升；还有可能门店活动、品牌吸引力不够，导致浏览过店铺的顾客却没有动力进店，可以观察一下门店的Logo、评分、优惠活动，然后通过减配送等营销工具，提高进店率。

摸着石头过河，总比盲目整改精准许多，流量分析便是饿了么平台为广大外卖店主提供的"石头"之一。有的放矢，才能"多快好省"，快速提升外卖店铺的流量转化率，帮助店铺赚钱，这正是饿了么平台的根本出发点，希望广大外卖店主鉴之、用之。

三、顾客分析：洞察顾客的消费习惯和实际需求

很多外卖店主都曾有过这样的感慨："顾客总在不断变化，喜新不厌旧。"在对顾客的消费习惯和实际需求一知半解的情况下，店铺做出的一切努力都是以自我为中心的"想当然"，而顾客大概率不会买账。因此，当你在进行店铺的数据管理时，务必从顾客的消费习惯和实际需求出发，将关注的焦点回归于顾客本身。

在传统的餐饮行业中，店铺习惯于通过调研的方式，来了解顾客的消费习惯和实际需求。诚然，顾客调研确实有着一定的作用，但无论是问卷形式还是口头形式，都需要一定数量的样本，才能确保调研的有效性。但这样一来，不仅会耗费较高的人工成本，而且持续时间较长，效率难以保证。

有鉴于此，饿了么平台推出了顾客数据分析功能，不但能够高效获取权威数据，还能兼顾调研的准确性。你仅需将新老顾客数量、顾客群体结构、顾客消费频次、消费额分布等数据，与店铺的具体现状相结合，就能分析出店铺主要消费群体的消费特点和主要需求。

接下来，就让我们从顾客结构、顾客价值、消费习惯和消费金额这四个角度，详细讲解顾客分析的相应技巧，希望能对广大外卖店主产生帮助。

1. 顾客结构分析

新顾客和老顾客，分别代表了两种不同的消费行为和消费驱动力。通过对不同类型的顾客数量及占比数据（如图 6-14 所示）进行分析，可以推导出顾客的整体消费特点和主要需求。具体分析时，请注意与实际情况相结合。

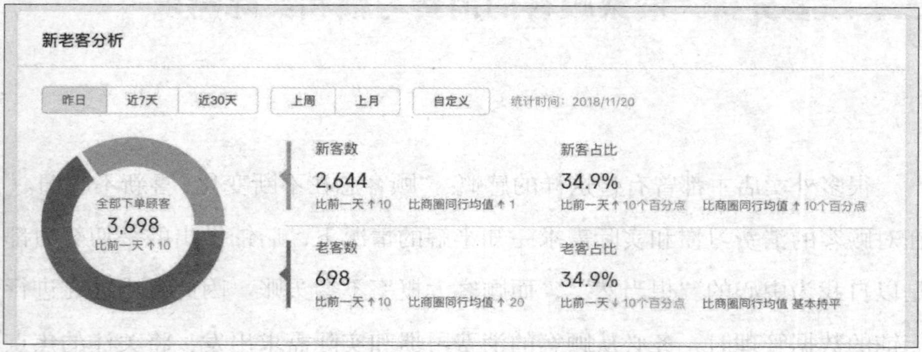

图 6-14　新老顾客数据统计示意图

如果你家店铺已经开了一段时间，店里新顾客数量较多，是店铺主要的顾客类型，那就说明你的装修或营销活动足够吸引人，但产品和服务存在一定欠缺，难以留住顾客；如果你家店铺刚开没多久，或者刚刚推出了某些新品，那就说明这些顾客对于菜品的新鲜感比较在意；如果店铺内正在搞活动，菜品的价格相对较低，则说明这些顾客比较重视消费的性价比。

再比如，店铺的顾客以老顾客为主，复购率比较高，则说明顾客的消费习惯相对专一，可能是对配送距离和时间有固定的需求。如果店铺走的是高端轻奢路线，那就说明这些顾客更加在意的是味道和消费体验。

2. 顾客价值分析

饿了么平台在顾客价值分析上，在单位时间内消费越频繁该顾客对于门店的价值越大（此处暂时不考虑消费结构和金额问题），将顾客分成了三种类型：第一种是以 30 天为单位时间，1 次或者多次在店铺消费的顾客；第二种是在 31 ~ 60 天里有过 1 次或者多次消费的活跃顾客；第三种是在 61 ~ 90 天内有过消费记录的顾客。饿了么平台通过后台的数据统计的颜色加深表明该顾客对于门店的价值越大。

结合店铺经营的关键时间节点，再对比顾客结构的变化（如图 6–15 所示），你就能较为轻松地分析出店铺主要顾客群体的价值分布占比。

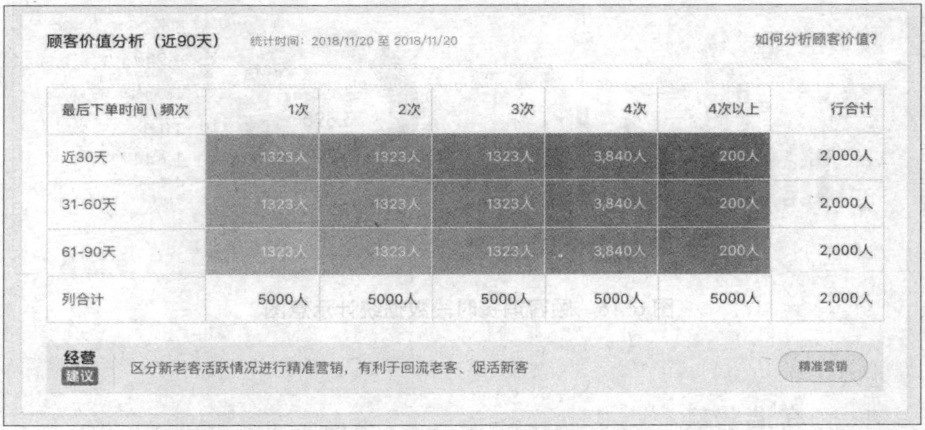

顾客价值分析（近90天）　统计时间：2018/11/20 至 2018/11/20　如何分析顾客价值?

最后下单时间 \ 频次	1次	2次	3次	4次	4次以上	行合计
近30天	1323人	1323人	1323人	3,840人	200人	2,000人
31-60天	1323人	1323人	1323人	3,840人	200人	2,000人
61-90天	1323人	1323人	1323人	3,840人	200人	2,000人
列合计	5000人	5000人	5000人	5000人	5000人	2,000人

经营建议　区分新老客活跃情况进行精准营销，有利于回流老客、促活新客　精准营销

图 6–15　外卖店铺顾客留存数据统计示意图

举个例子，你可以将时间节点定为营销活动力度下降之后的 90 天。此时，如果你发现流失顾客和沉默顾客的比例上升，就说明在你家店铺里，大部分顾客对于消费价格十分敏感，物美价廉是其主要的需求；如果你发现店铺的顾客结构相对稳定，并没有出现明显的比例变化，则说明主体顾客对菜品价格并不敏感，更在意的是店铺能否提供优质的产品和服务。

3. 顾客消费习惯分析

顾客消费习惯可以泛指该商圈内顾客在长期消费过程中逐渐养成的，较为稳定的消费偏好的心理表现，这个数据可以预测该商圈内不同品类

商品的市场情况和订单高峰期时段的预判。饿了么平台推出顾客下单时段分布（如图 6–16 所示），从时间维度、下单顾客进行综合分析，你便能得知顾客的主要需求品类和时间段，对于门店提前备货和调整门店菜品有着积极影响。

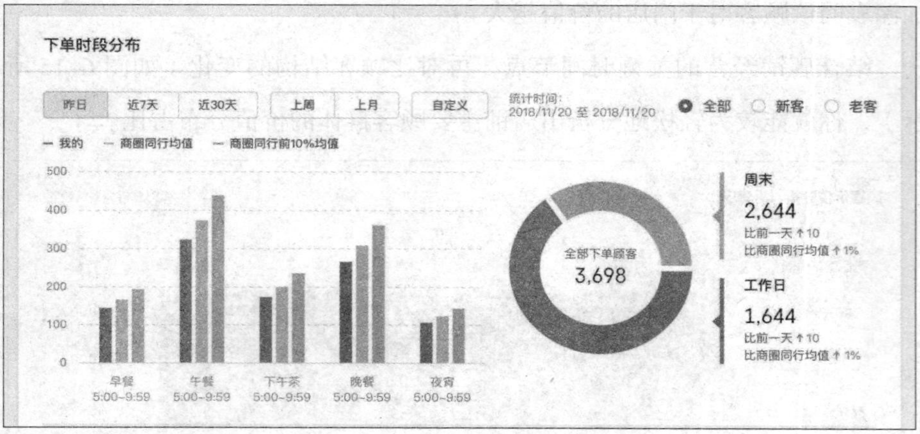

图 6–16　顾客消费时段数据统计示意图

4. 顾客消费额

消费额分布代表的是顾客在正常情况下进店消费的金额，这与店铺的综合价格水平（定价与优惠活动）有不可分割的关系。

如果一家外卖店铺的综合价格水平较低，而顾客的消费额分布也集中在相对较低水平。比如，一菜一饭，这便说明顾客习惯于单人用餐，生活比较节俭，重视性价比。

反之，如果顾客的消费额集中于相对较高的水平，就要根据数值对应的产品数量进一步分析：在饭菜外增加小食消费的顾客，普遍对食物口味的多样化和就餐体验比较看重；而多份饭菜同时订购的顾客，往往是多人一起用餐，在饮食需求之外，还有较强的社交需求。

在通过顾客分析了解并掌握顾客的消费习惯和主要需求之后，你就可以有针对性地为店铺制定未来的发展路径。比如，如果你家店铺缺乏对新客的吸引力，就应该在店铺装修和营销方面多下功夫；如果你的店铺困扰于留不住老顾客，则应根据顾客特点，陆续推出符合老顾客需求的新品，提升顾客黏性。无论何种情况，你都要时刻关注顾客数据的变化，以便及时发现问题、解决问题。

四、商品分析：商品创新的基石与标杆

在上一节中，我们详细介绍了顾客分析对于外卖店铺的重要作用，帮助店主从宏观层面把握店铺的整体销售情况。在本节中，我们要阐述的是商品的数据分析，让你能够从微观层面，对店铺中的每一款商品心中有数。

作为外卖店铺的根基，商品是吸引顾客进店、下单，形成消费体验的关键因素，体现了外卖店铺的核心竞争力。我们注意到，有些外卖店铺对菜品的打造和创新存在着一些误解，尤其是拥有一定历史的店铺。他们往往容易沉浸在对过去辉煌的回忆之中，对曾经的一些爆款商品，即使现在已经不再受到市场青睐，却依然抱有一丝希望，不愿意将其从菜单中拿掉。这便导致他们在开发新菜品时，无法摆脱传统的束缚，总是换汤不换药。

外卖店铺的商品开发，是个严谨而客观的系统工程，需要在大量数据的支持下进行，绝不是想当然的事情。为了让这些店铺能够更加精准地进行商品开发和迭代，饿了么平台推出了商品分析功能。你可以在饿了么商家版的电脑端上，查看相关商品的数据统计，包括商品的基础数据和行业数据，以及平台提供的商品体检、营销推荐等服务，以下分别介绍（如图 6–17 所示）。

图 6-17　外卖店铺商品数据统计（版本信息：饿了么商家版系统版本 V7. 18. 4）

1. 商品体检服务

饿了么平台会根据商家菜单设置情况，检查是否存在问题商品。比如，商品重复，商品缺少图片，其中红色字体标明该项目中有待提升的项目，需要商家检查并且解决，从细节上规避一些小失误，提升顾客体验，也会从运营角度，直接指出可能滞销的商品（如图 6-18 所示）。

图 6-18　商品体检服务（版本信息：饿了么商家版系统版本 V7. 18. 4）

2. 菜品数量设计

饿了么平台在产品体检功能里，设置了商品数量属性，会根据平台认定的合理菜品数量（如图 6-19 所示），提醒商家进行菜品数量的添加和删减。如果你在进行菜品迭代时，无法确定自家店铺的菜品数量，不妨借鉴一下平台的数据，并在此基础上加以取舍。

图 6-19　外卖店铺商品数量体检（版本信息：饿了么商家版系统版本 V7. 18. 4）

3. 本店菜品

除了根据行业内相对火爆的产品特点来打造自己的店铺新品以外，商家自家店铺内的产品销售、评价情况也能指导产品创新。而且以推陈出新的形式，在原有菜品的基础上进行外卖店铺的产品创新，也能降低新品开发的成本和难度，同时缩短新品上市的时间，提高商品创新的效率。

在饿了么商家版手机端的商品管理界面，在页面最上方的功能入口处，选择商品分析，就可以查看一定时间段内，店铺中商品的销售额、销量和评价情况（如图 6–20 所示）。然后根据销量占优和好评数量多的产品特点，在原有基础上进行二次开发。

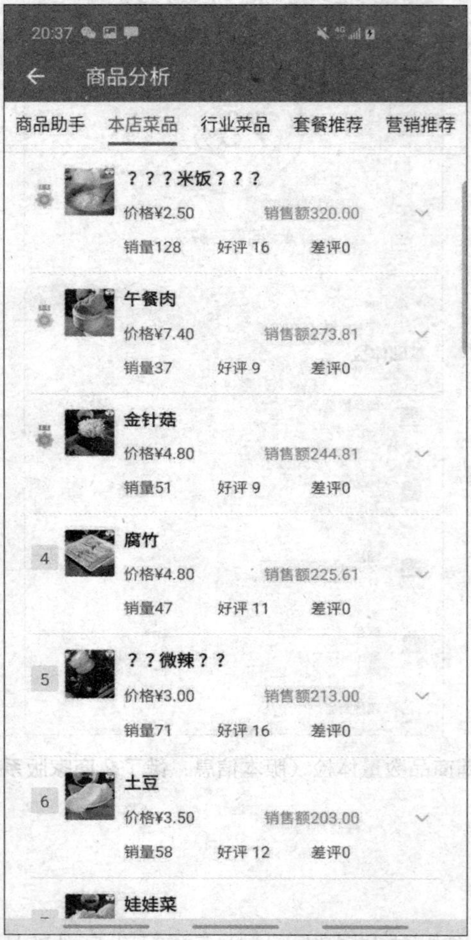

图 6–20　外卖店铺商品排行示意图（版本信息：饿了么商家版系统版本 V7. 18. 4）

商品创新从来都不是无中生有，在原有成功基础或他人成功基础上进行推陈出新，能够一定程度上保证创新的成功率，避免出现较大的失误。

五、营销分析：只有最适合的活动，才是好活动

数据管理的最后一个要点是营销分析，对于外卖店铺来说，这也是至关重要的一点，关系着顾客流量、进店、下单、评价、复购的全过程。

或许正因如此，一些店铺在设计营销活动时，完全不顾及自身的实际情况，盲目参与店铺和平台的各种营销活动。当然，其中的很大一部分活动，确实能为店铺带来正向的积极作用，但不可否认的是，也有很多对于店铺并不合适的活动，不仅无法刺激销售额的增长，反而会增加店铺的成本负担。

只有最适合店铺的活动，才是好的营销活动，这是店铺选择要参与活动时的大前提。那么，如何判断一个活动是否适合店铺呢？饿了么平台为此提供了大量的数据支持，让每一个外卖店主都能直观地掌握活动带来的交易量、活动成本以及活动效率变化趋势和数据，也能轻松计算活动订单在全部订单中的占比，明确活动对于店铺经营的重要性。与此同时，还能让店铺及时获取每一种正在进行的营销活动的明细情况，考查它们的效果（如图 6-21 所示）。

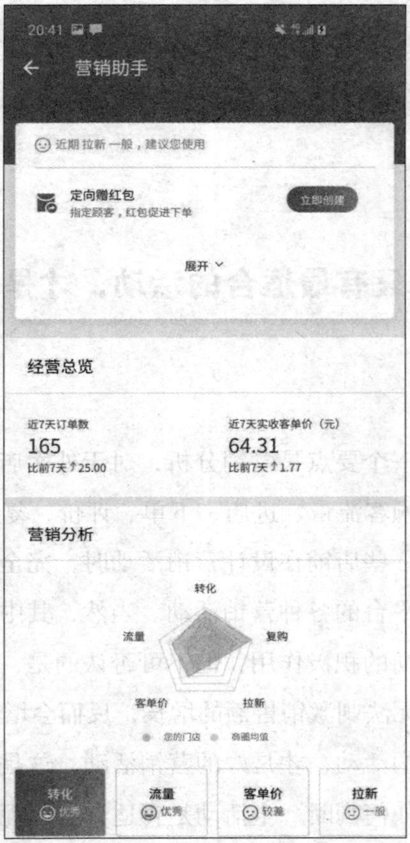

图 6-21 外卖店铺营销活动数据统计（版本信息：饿了么商家版系统版本 V7. 18. 4）

以下，我们便从这三个层面出发，深入剖析营销数据的分析要点。

1. 根据营销活动整体趋势，调整活动设置

在营销活动数据的趋势图中，你能一目了然地了解店铺在一段时间内的各种营销效果，包括活动交易额、活动支出、活动净收入、竞价推广支出和营销效率等数据的变化趋势（如图 6–22 所示）。

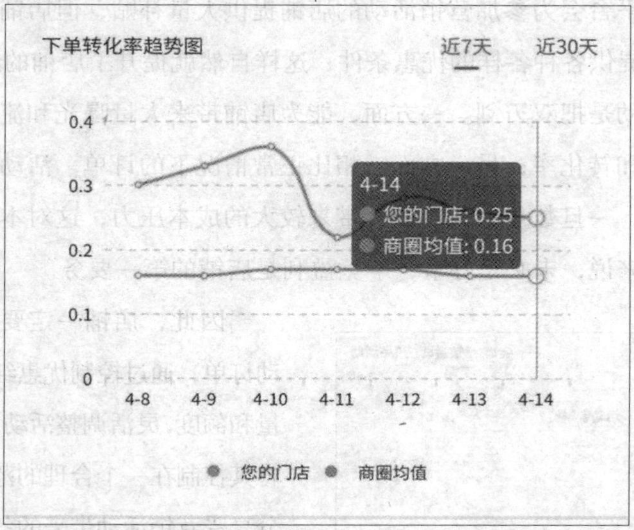

图 6-22　营销活动整体趋势（版本信息：饿了么商家版系统版本 V7.18.4）

通过观察营销活动效果的走向，店铺可以直观地了解各种营销活动对自己的真正价值，同时也可以通过整体趋势，预判未来的走向。

当营销活动的交易额、收入、效率均呈上升趋势，且增长速度高于成本增长速度时，说明现阶段店铺的营销活动设置效果明显，未来发展态势良好，可以积极参与；如果你发现营销活动的整体趋势出现明显下滑，或者成本增速过快，就应该及时干预，调整活动的组合和力度，确保营销活动对店铺的正向促进作用。

总而言之，营销活动数据的整体趋势，可以直观地反映营销活动在当下及未来，对于促进单量提升的作用和效果。店铺需要时刻关注数据和趋势的变化，一旦出现潜在的风险，尽量在最短时间里进行调整，避免不必要的损失。

2. 根据活动订单占比，判断营销活动的合理性

或许有人会问："既然我们参与营销活动的目的，说到底是为了促进顾客下单，提升店铺的利润，那是不是意味着活动订单越多越好呢？"其实不然，

虽说饿了么平台会为参加营销活动的店铺提供大量补贴，但店铺自身也需要为活动订单提供各种各样的优惠条件，这样自然就提升了店铺的经营成本。

营销活动是把双刃剑。一方面，能为店铺带来大量曝光和流量，提升店铺的知名度和转化率；另一方面，相比正常情况下的订单，活动订单的利润率普遍偏低，一旦数量猛增，便会带来较大的成本压力，这对本就薄利多销的外卖店铺来说，未必是好事，毕竟盈利是店铺的第一要务。

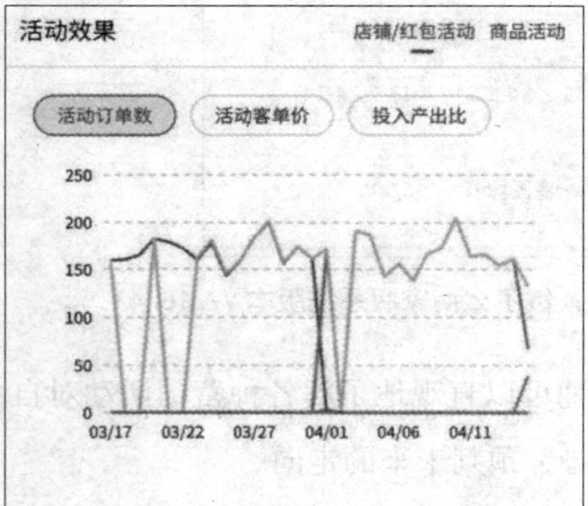

图 6-23　营销活动明细（版本信息：饿了么商家版系统版本 V7.18.4）

因此，店铺一定要理性看待活动订单，通过控制优惠红包的发放数量和额度，灵活调整活动订单的比例，将其控制在一个合理的范畴内，既充分享受营销活动带来的各种好处，同时也要确保成本可控，不对利润造成太大影响。

3. 根据营销活动明细，选择合适的活动类型

在营销明细中，平台详细记录了店铺正在使用的所有营销活动的具体情况，包括店铺活动、红包活动、商品活动和竞价推广带来的订单数、交易额、净收入等信息（如图 6-23 所示）。

有些活动的目的不是直接为店铺带来盈利。比如，拉新活动。衡量这种活动有效性的标准，不是交易量或店铺收入，而是成交的顾客

量和门店的新客量。再比如，竞价推广，其目的是提升店铺的曝光量，店铺可以根据平台统计的曝光量、点击量和成本，衡量性价比，综合判断店铺应该投入的竞价推广预算。

当然，除了店铺和平台的各种活动，还有很多其他的活动也能够起到促进单量增长的作用。随着饿了么平台和其他诸多现象级流量平台的合作日益密切，包括支付宝、口碑、淘宝、天猫等都成为饿了么平台的流量来源，所以店铺也可以积极参与一些饿了么平台和其他平台共同推出的营销活动，为自己带来更多曝光和流量。

除此之外，店铺还可以使用微信、QQ 等社交媒体平台，将自家店铺的顾客整合到统一的社群之内，通过组织活动或者发放福利，提高顾客对店铺的黏性，打造忠实顾客。

综上所述，通过对营销活动进行数据分析，店铺可以更准确地选择适合自己的活动搭配方案，最大限度发挥活动对利润的拉升作用。同时，还应及时舍弃一些效果并不明显的活动，节省营销成本，将好钢用到刀刃上。

第七章

发展战略：拥抱现在，着眼未来

餐饮是永远不会过时的行业，无论是为了生存，还是为了满足口腹之欲，餐饮消费都是人们生活工作中不可或缺的一部分。而外卖作为方兴未艾的餐饮新形态，随着智能设备的普及以及市场的下沉，必将迎来新的发展机遇。

在仰望星空的同时，也要脚踏实地。在这一章中，我们会对当下外卖经营中的三个重要课题——外卖厨房的搭建、配送能力的完善和食品安全的保障进行深入探讨；还会通过成功品牌的经典案例，对全书覆盖的店铺发展要点进行串联，给外卖从业者提供策略上的建议。

一、门店配送布局：外卖后厨动线设计

虽然外卖是21世纪网络时代的新兴产物，但也不是无中生有，大多数外卖餐饮从业者都是从传统餐饮转型而来的。甚至，很多餐饮企业都是在保留传统模式的基础上，把外卖作为保障生存的辅助渠道。也正因如此，外卖店铺的经营中，依然保留着很多传统的色彩。

在某些外卖店主的眼中，外卖就是“传统餐饮＋即时配送服务”，这种观点较为片面。外卖与传统餐饮之间有着本质的区别，很多传统因素的留存非但不能发挥促进的作用，反而会对外卖店铺的发展形成不利的影响，其中，影响较为严重的就是传统餐厅后厨的存在。

1. 传统后厨的劣势

传统餐饮厨房的设置，会对外卖经营造成以下五大劣势。

（1）占用空间，影响效率

操作台和烹饪台占据了全部空间，没有预留菜品打包的位置，外卖订单只能由工作人员带到前台进行包装操作。不但拖慢了出餐的效率，还会占用前台空间甚至餐桌资源，给顾客留下不好的观感，影响店铺的品牌形象。

（2）容易因忙出错

打包盒与餐具摆放没有固定标准，现用现找，容易因为忙乱出现失误，

造成菜品撒漏、误装等现象，既拉低了出餐效率，也可能导致顾客的不满，降低店铺的风评。

（3）分工不明

传统餐饮后厨的人员分工通常不会设置专门的接单、打包人员，一般都是由其他职能的工作人员兼任。而分工的不明确，在订单数量激增的时段，会引起订单混乱、漏单、错单等情况。

（4）不方便配送人员进出

传统餐饮后厨通常在店面的后端，所以配送人员取餐的时候必须进到店里的堂食区域，才能完成取餐；而在店铺出餐较慢的时段，配送人员还需要在堂食区域等待。这种取餐方式不仅效率低，而且配送人员的进进出出，甚至滞留，也会影响堂食顾客用餐的心情和体验。

（5）过于依赖厨师

传统餐饮厨房中，菜品的制作依赖于厨师，当厨师不在状态或者店铺改换厨师的时候，菜品的味道和质量会与之前存在一些差异。而这种差异，往往就是店铺外卖忠实顾客流失的主要原因。

2. 外卖店铺的后厨改造

为了降低传统餐饮厨房对于外卖经营的不利影响，外卖店主们需要对自家店铺的后厨进行以下三大方面的彻底改造。

（1）厨房分开

从需求的角度来讲，堂食顾客重视的是菜品的口味和就餐的氛围；而外卖顾客主要看重的是快速高效地获取食物。

所以，为了避免需要精工细做的菜品耗费时间，大多数外卖店铺的外卖菜单都是从堂食菜单中精简出来的，放弃了一些费工费力的菜品，主推一些制作简单，口味能够被普遍接受的菜品。

但通过菜单设置，解决的只是外卖产品本身的制作效率问题，当就餐和订单高峰期到来的时段，外卖订单面临的不只是自身的效率问题，还会导致堂食制作的拖延，整体效率的低下同样也会影响外卖的出餐效率。

既然堂食与外卖互相牵扯，我们不妨把堂食和外卖的厨房分开，堂食厨房专门负责一些工艺烦琐、制作时间长的菜品，而外卖厨房除了需要制作外卖订单上的菜品以外，还可以兼顾堂食顾客选择的简单菜品。这样，一些工艺考究的菜品，在制作时就不必再受到时间的限制，制作人员可以专心致志、精雕细琢，从而提高菜品的质量和店铺的口碑。

而同样的菜品，外卖的分量通常小于堂食的分量，所以店铺可以采用集中制作的方法，对于多个订单中包含的同一样菜品进行批量化制作，在保证菜品的味道和质量不会受到不良影响的同时，能够一次性完成多个订单，也能极大地提高厨房的工作效率。

厨房分开的后厨模式，并不代表二者只能各行其是，在实际运营中，店铺可以根据店铺实际运营情况，灵活地进行人员调配。

（2）建立中央厨房或食品工厂

传统厨房对外卖店铺造成的困扰不只是效率方面，店铺的成本控制也在经受挑战。传统餐厅厨房通常需要一个优秀的大厨，其手下还要配备切配、冷盘、白案等多种功能性人员，所形成的人力资源费用相对高昂。

对于有些外卖产品的性质而言，只要制定相应的标准化制作流程，将食材、配料的用量和使用时间、烹饪的时长做出具体的规定，即使是不那么精通厨艺的工作人员，也能胜任制作的工作，并且口味稳定性更高，更能保证菜品质量。

问题的关键是，普通人在食材的处理、烹饪环节的执行等涉及烹饪技法的方面和厨师有着较大的能力差距。但这个差距不是无法弥补的，我们可以通过建立中央厨房，在原料运抵店铺之前，对其进行初加工，直接以半成品的形式展现在制作人员面前；同时，根据产品制作的流程，中央厨房可以把需要添加的调味料、底料、汤底也制作成单位数量的半成品，进一步简化制作的过程。

在中央厨房的辅助下，店铺只需要聘请普通的工作人员就能够支撑店铺的经营，不但能够降低店铺经营的成本，在简化的制作流程下，产品的制作效率也能进一步提高，并且菜品的质量更加稳定；尤其对于连锁品牌来说，其品质能得以保证，在食品安全卫生方面也更容易获得保障。

传统中餐堂食品牌和合谷，在进军外卖行业之后，取得了更胜往昔的发展。而作为传统餐饮企业，和合谷能够在外卖餐饮上取得良好成绩，它建立的食品工厂制度发挥了重要的作用。

和合谷的食品工厂（如图 7–1 所示），负责原料的采购与初加工的全部流程。食品工厂的工作人员根据同一种食材，由于产地、品种各不相同而产生的质量差异，综合店铺自身对于产品的期望和设计，制定了标准化的采购流程。对于从哪些地区购买、购买哪些品种都作出了明确规定。除此之外，食品工厂还负责将采购到的原料和调味料进行初加工，原料统一处理成标准的半成品，调味料根据配方制作成复合调料。经过食品工厂的初加工，餐厅厨房只需要简单烹调就能出品优质的产品，这就是传统餐厅和合谷之所以在激增的工作量下，依然能够保持高效率、高质量的制胜武器。

图 7–1　和合谷食品工厂

（3）取餐动线改造

传统厨房对于外卖效率的影响除了体现在制作方面，也发生在外卖的配送效率上。外卖的配送，是一个系统的流程，从店铺的接单、制作、打包，到配送人员的取餐、配送，最后到达顾客手中，这个流程才算完结。

前面我们也提到，传统厨房缺乏对于打包和取餐的合理设置，没有专人负责、没有专门路径。而真正适合外卖店铺的厨房，需要一条完善的取餐动线。

首先，在店铺岗位中，增加一名在订单高峰期，专门负责接单、点单、打包以及与配送团队沟通的工作人员。理清店铺的每一笔外卖订单，以时间顺序交由制作人员进行制作，根据配送人员上门的时间对制作人员进行提醒和催促，并且及时打包所有已经完成的订单，以标签标注，方便配送人员快速发现自己的订单。

其次，设置专门的取餐路径，为了避免配送人员进出店铺浪费时间、影响堂食顾客，店铺可以在店铺门口、店铺后门或其他位置，设立配送人员取餐的专门入口。配送人员到店即取，甚至连下车的环节都可以省略，加速配送的进程。

作为杭州地区的销量冠军，外卖店铺老街坊的月均订单量突破了 24000 单的大关。而老街坊所在区域内的配送人员，也都乐于接取老街坊的订单，因为出餐效率高，相比其他店铺，在固定的工作时间内，接取老街坊的订单，配送人员可以送出更高的订单量。

老街坊之所以能够具备高效的出餐效率，是因为在设计店铺的时候，店铺就把外卖的取餐动线进行了合理的规划。将取餐路线与堂食区域单独区分了开来，直接把取餐窗口设置在了店铺门口，配送人员不需要进出店铺，直接就可以取餐。

（4）厨房分区与人员分工

对于每天都要处理几十甚至几百单订单的外卖店铺来说，订餐高峰时段，手忙脚乱的后厨是最为常见的场景。在对于细节设置不甚在意的传统厨房中，寻找工具和人手的呼声经常是后厨的主旋律。

虽然只是一个小小的细节，每一次出现这些情况所耗费的时间通常也只是以秒来计算，但滴水可以穿石，即使每次只是浪费几秒钟的时间，长此以往，也会对店铺的工作效率产生巨大的影响。

店铺可以通过厨房功能区域划分和人员的分工解决这些细节问题。

首先，将厨房内除烹饪功能区以外的空间，按照不同的功能进行合理的划分。比如，切配区、摆盘区、工具区等，然后制定严格的空间使用规范，保证员工按照功能区划分，进行食材、工具、调料等物品的摆放。

其次，对店铺工作人员进行岗位分工，各司其职，按照店铺内不同岗位对人手的需要，进行人员分配。同时，也要预留一到两个灵活岗位，在订单高峰时段，随时支援人手吃紧的工作环节。

总而言之，将传统餐厅后厨改造成为适合外卖行业的厨房，是外卖发展的必然需求。外卖店主应根据自身具体情况，因时、因地制宜，选择最合适的后厨改造方案。

二、物流协同：防微杜渐，工作在日常

除了店铺效率以外，配送也会影响顾客的消费体验。很多店铺应该都曾遭遇过因配送问题导致的客户差评，有的是强调送达的时间太晚，有的则是侧重过长的配送时间导致菜品口味和质量的下降。

但无论如何，一旦配送出现问题，会严重影响顾客心目中店铺的口碑和形象。因此，店铺在经营过程中，不要因为配送服务是平台提供的，就忽略配送环节的重要性。在很多顾客的心中，不会明确区分平台和店铺，而是把消费体验当作一个整体。

既然如此，外卖店铺应该如何解决配送难题呢？我们的建议是从以下五大方面入手。

1. 提前做好充分准备

店铺应从自身出发，提高制作、出餐的效率，并根据日常经验计算配送人员取餐的时间，及时联系，提前打包备好。至于如何提高制作效率，建设高效取餐动线在前一节已经详细讲过，不再多做赘述。

2. 选择合理的配送方案

店铺要根据自身的配送需求，设置合理的配送方案。饿了么平台总共提

供四种不同特点的配送方式，自配送、蜂鸟专送、蜂鸟众包、混合送（3公里内专送，3公里至6公里众包）。

（1）自配送

自配送是指店铺自营物流服务，由店铺自行组织配送团队，运送店铺内所有外卖订单。店铺自配送可以不受平台的配送范围限制，能够服务于面积更大的市场区域。与此同时，店铺也要承担组建配送团队、购买交通工具带来的高额成本，以及团队建成初期，由于缺乏经验、对交通和地理位置的不熟悉，造成的配送延迟风险。

（2）蜂鸟专送

蜂鸟专送是饿了么平台官方运营的配送服务，在平台的直接监管下，蜂鸟专送配送速度快、质量高。为了保障配送服务的高效率和高质量，蜂鸟专送的配送范围受到严格的限制，只能服务于店铺周边3公里以内的市场。

（3）蜂鸟众包

蜂鸟众包是由平台选定的合作商提供的外包服务。在选定合作商之前，平台会对其进行严格的筛选和审查。因此，蜂鸟众包的配送服务能力能够得到一定的保障。相比蜂鸟专送，蜂鸟众包的服务范围延伸到了店铺周边6公里的市场。但在订单高峰时段或者出现特殊情况时，其配送质量也有可能受到一定程度的影响。

（4）混合送

混合送是指综合使用蜂鸟专送和蜂鸟众包，在3公里的范围内使用蜂鸟专送，而3公里至6公里的范围内使用蜂鸟众包。这种混合方案可以灵活地运用两种配送方式的优势，可以让店铺在更大范围的市场区域中有所作为。混合送的前提是店铺的产品适合远距离配送，否则过长的配送时间会导致产品的口味和质量下降，影响店铺的口碑，甚至导致处于周边市场的优质顾客资源流失。

店铺可以根据自家店铺的产品和预计的理想配送范围，在以上几种配送方案中进行合理选择。同时，如果店铺在某些特定时间段需要开展营销活动，订单量可能会在平时的基础上出现较大幅度的提升。为了应对这种情况，店铺应该提前与所在区域的饿了么平台市场经理联系，在活动时间内，增加区域配送人员数量，提升运力。

3. 确定合理的配送范围

由于外卖天生具备不完全受地域限制的优势，这便决定了大多数店铺都倾向于尽可能地扩大自身的配送范围以扩大覆盖的服务人群。但配送范围并不是越大越好，更大的配送范围固然代表着更大的顾客基数，但也更容易造成配送的延迟。因此，店铺需要依据自身能力，确定最合理的配送范围。在确定配送范围时，应注意以下三点：

（1）店铺需要了解自身的产能和平均的订单量，平均订单量代表着店铺每天服务的顾客数量，而产能代表的是店铺能够服务的顾客数量上限。

（2）根据统计的平均顾客数量，结合此前介绍的人口数量分析方法，利用热力图确定现阶段店铺最合理的配送范围。

（3）根据顾客数量上限，综合市场区域人口热力图，确定店铺配送范围的上限和未来发展方向。店铺可以根据店铺所处阶段的发展情况，逐步扩大店铺的配送范围。

4. 妥善处理与配送团队之间的关系

不管店铺选择何种配送方案，配送人员都是店铺的合作伙伴，店铺与配送人员的关系好坏，直接影响到配送人员在为店铺服务时的积极程度。和配送人员搞好关系，在订单高峰期，会有更多的配送人员愿意为店铺服务，在接单时也会优先选择，从而提高店铺的配送效率。

5. 有针对性地解决以下配送难题

（1）因配送导致的菜品撒漏或质量下降

在配送过程中，产品质量问题通常表现为菜品的撒漏和质量的下降两种情况。想要解决这些问题，店铺可以使用坚固结实的打包盒，保证菜品温度不会过分流失；对于易撒漏的产品，在打包盒外以保鲜膜或密封扣等进行加固；对于容易因时间产生质量问题的产品，如汤面类，可以使用分离式的打包盒，将汤与面分开包装。

（2）恶劣天气时的配送难题

在恶劣天气出现的时段，配送速度大大降低，但恰好这种情况下，人们进行外卖消费的意愿会有一定程度的提升。为了保证配送的质量、保护店铺的口碑，店铺可以在恶劣天气到来之时，缩小店铺的配送范围，避免长途配送导致的长时间延迟；对于预计会出现延迟的订单，店铺应通过平台的即时沟通功能或电话联系，提前通知顾客，取得顾客的原谅；在店内准备充电桩、饮用水等补给物品，确保配送人员能够在恶劣的天气下保持高水平的工作状态。

（3）因爆单导致的运力困难

对于因爆单而出现的运力压力，平台有相应的压力平衡机制，通过加价配送费、调整满减活动、缩小配送范围等措施，对区域运力紧张进行有效的缓解。

（4）选择合适的包装用品，切忌因小失大

外卖的包装用品在之前的章节中有给大家分享过，这里不做更多的赘述，但是大家需要明白合适的包装用品对于菜品的保温、食物的完整性有着重要的影响，不要因为一味地降低成本而选择劣质的餐盒包装而造成不好影响。

三、食品安全：从微处着手，保障品质

效率、配送是外卖店铺的取胜之匙，但在追求效率和配送速度之前，店铺首先要保证的是店铺的食品安全问题。

虽然饿了么平台提供的原材料公示功能，在一定程度上降低了原料端出现安全问题的可能性，但在外卖店铺的运营过程中，还存在以下许多其他因素，可能导致产品的安全出现问题。

1. 可能导致食品安全问题的因素

（1）制作过程中，工具使用不规范造成的交叉污染

这种情况较为常见，尤其是在原料切配的过程中，制作人员使用同一把刀具处理肉类、蔬菜、海鲜等不同食材，本身存在于某一种食材中的病菌，通过交叉污染扩散到了其他食材上，而这些食材所需的杀菌灭活时间不同，蔬菜的烹饪时间不足以消灭从肉类或海鲜类食材上沾染的病菌，从而导致产品出现安全问题。

（2）工作人员的个人卫生习惯差导致的细菌沾染

通常菜品的制作要经历切配、烹饪和装盘三个步骤，离不开制作人员的操作。一旦工作人员的手上沾染了细菌，而且没有佩戴卫生装备的话，那他

们手上的细菌就会沾染到菜品上，影响产品的安全。

（3）厨房的卫生环境存在问题

无论是原料的存放，还是菜品的制作，都是在厨房的大环境下进行的。如果厨房的卫生环境存在问题，昆虫、老鼠等便极易将自身携带的有害物质或病菌，沾染到原料或菜品上。

（4）使用了不合格的外卖包装

有些价格低廉的塑料或纸质打包盒，在制作时没有达到作为餐具使用的标准，在高温环境下会产生对人体有害的物质，也会影响产品的质量。

2. 从微处着手，确保食品安全

为了保证顾客的用餐健康和卫生，确保食品安全，店铺可以采用卫生轮值的办法，制定轮值表格，并由专门的监督人员对清理状况进行严格的监督，责任到人，确保店铺内能够保持干净整洁的状态。与此同时，店铺还可以从以下三大方面入手，制定有效预案，杜绝类似问题的再次出现。

（1）制定严格的物品摆放与工具取用规则

为原料、半成品、成品设置不同的摆放空间，同时不同的原料、不同的半成品也要分开摆放，避免病毒的交叉污染。在工具的使用上，要做到专具专用，切肉的刀不用来加工其他材料，如果工具出现损坏、丢失等特殊情况时，工作人员不得不使用同一样器具加工多种材料，在切换材料之前也一定要做好工具的清洁与消毒。

除此之外，店铺也要设置合理的仓储制度，除了分类存放之外，容易出现变质问题的原料或半成品，要提前做好密封处理。

（2）建立系统化的食品安全培训体系

一切食品安全问题，归根结底都是人的问题。因此，外卖店铺需要建立起一套系统化的食品安全培训体系，强化每一个工作人员的食品安全观念，让工作人员自发自觉地进行安全操作，确保食品安全。

在食品安全培训中，外卖店铺可以引入“5常”“6T”和“4D”这三种不同层次的食品安全理念。

“5常”指的是常整理、常清洁、常维护、常规范、常提高，主要针对的是后厨空间的食品安全控制。

“6T”指的是天天打扫、天天处理、天天整合、天天规范、天天检查、天天改进，侧重的是在整个店铺范围内员工的卫生行为规范。

“4D”指的是整理到位、责任到位、执行到位、培训到位。这是一种较为全面的食品安全理念，从员工到店铺，从事前准备到事后追责，都作出了具体的规定。

外卖店铺可以根据自家店铺发展阶段和实际需求，从以上三种培训理念中自行选择，制定最适合店铺的培训方案。店铺还可以为培训配上相应的实际操作环节，让工作人员可以更加直观地接受培训内容。

（3）食品安全细节处理

有些食品安全问题，往往来自一些细节的缺失。比如，某些食材在分别存放或烹饪时对人体并没有危害，但当存放超过一定时间或者相互克制的几种食材一起烹饪后，却会产生对人体有害的物质。因此，店铺一定要充分了解菜品中使用的各种食材的特性，在采购或制作时，避免此类情况产生。

四、中餐表率：高效经营成就品牌蓬勃发展

曾在西贝莜面村实体店铺用餐的顾客都知道，西贝最强大的竞争武器，是其极致高效的出餐效率。当顾客点单结束之后，服务人员会在餐桌上放置一个沙漏，无论同时就餐的人数有多少，也不管顾客选择的菜品数量是多少，西贝都会保证在沙漏漏尽之前，将菜品全部呈现在顾客的餐桌上。这种对于效率的重视，同样也出现在西贝莜面村的外卖店铺中。

1. 场景化营销，加快顾客点单效率

相比实体店铺而言，外卖店铺更强调在第一时间抓住顾客的眼球，因为在实体店铺中，在环境的烘托和气氛的渲染下，顾客可以用更长的时间来决定选择的菜品的种类。但在外卖店铺中，顾客一旦陷入纠结的选择之中，就会去浏览其他店铺，通过对比帮助自己作出决定，纠结的时间越长，顾客流失的可能性就越高。因此，店铺只有快速、准确地吸引到顾客的关注，才能最大限度地提高订单的数量。为了让顾客尽快做出点单决策，西贝莜面村在自己的外卖店铺中，设置了各种适合不同消费场景的产品和套餐。

比如，在西贝的外卖店铺中，设置有各种单人或双人的套餐。单人套餐主要针对的是工作餐的消费场景，对于休息时间有限，烹饪技能匮乏的年轻白领阶层是最佳的选择；而双人套餐主要针对的是家庭化的消费场景，菜品

丰富，品类齐全，荤素搭配，可以准确地适配多人就餐时对食物产生的多样化需求（如图 7–2 所示）。

图 7–2　西贝莜面村套餐设置

这两种消费场景，与西贝自身的店铺定位和布局有着不可分割的关系。从定位上看，西贝选择的是主打家庭消费的路线；而从产业布局来说，西贝的门店也主要存在于居民区和商务区两大城市功能区域。因此，西贝的场景化营销基本符合店铺主要顾客群体的消费需求，在场景化营销的辅助下，顾客在进店之后，就能快速地将自身所处的场景与产品适合的场景联系起来，高效地做出点单决定。

2. 设置专门岗位，提高运营效率

西贝的门店通常会设置专门的外卖运营职位，负责处理与外卖相关的事务。比如，根据周边市场整体形势的变化，调整外卖运营的战略和方案；与外卖平台地区经理保持有效沟通，及时变更店铺的营销活动；负责与外卖配送团队的联系，以及外卖产品的打包与出餐工作，做好物流协助工作。这种专人专岗的外卖运营策略，能够有效地提升店铺的运营效率，同时也可以保持店铺的高效出餐效率。

除了在各个分店设置专门的外卖运营职位以外，在西贝的总部还设有专业的数据分析部门和团队，负责分析各个门店具体的经营状况。通过对不同分店长时间的观察和数据记录，数据分析团队可以清晰地分析出每一家店铺未来可能的发展趋势。比如，根据店铺一段时间内的销售情况，去除节假日时期或活动期间出现的特殊情况，西贝的数据团队可以分析出店铺在之后的时间里可能达到的日均销售量。分析结果会作为外卖店铺准备原材料的数据指导，从而避免出现原材料不足的情况，提高准备工作的效率。

3. 引入竞争机制，提高员工工作效率

无论在什么企业中，只要是由人进行工作，那么工作人员的效率就会直接影响到企业的运作效率，在外卖店铺中也是一样。为了提高人效，西贝在员工管理中引入了竞争机制，以同岗位对比的形式，在全国各个分店进行评比，优秀的员工可以得到奖励，而落后的员工则会受到相应的惩罚。通过工作人员之间的竞争，西贝成功打造了人人争先的工作氛围，也因此提高了员工的工作效率。

虽然外卖的主要需求就是方便快捷，但仅凭高效率还不足以打造一家优秀的外卖店铺，对于外卖平台活动的有效运用也是必不可少的关键推动力。西贝在开展营销活动方面，结合了店铺自身的经营特点，针对热销产品，设

置了特别的优惠活动（如图 7-3 所示），以更加有效地吸引顾客。

图 7-3 西贝莜面村超级会员优惠红包

除了在运营方面的努力，对于产品质量，西贝也十分看重。西贝建立了较为健全的原料溯源机制，原料从种植、养殖到运输，再到加工，西贝进行了有效的监控，保证了原料的健康与安全。同时，西贝还经常对供应商进行培训，让他们深入理解西贝的理念和宗旨，从而生产出更适合西贝的原材料，提高产品的质量。

五、老店新生：传统餐饮进军外卖行业的杰出代表

这个案例是来自上海一家老牌线下实体大饭店，成立至今一直以优质的堂食深深植根于上海市场。随着外卖风潮的到来，具备远见卓识的企业管理者，决定孵化独立运作的线上运营品牌——u味儿，不仅没有因为线下的既有经验而导致不适应新模式，反而在摸爬滚打中总结出自己的运营策略。

截至案例收录之际，u味儿多家外卖门店实现月销售量过万单的成绩，而品牌整体的外卖经营成果，也帮助u味儿获得了饿了么2018年最具口碑门店奖的荣誉。或许很多人都会产生这样的疑问，u味儿作为一家传统的餐饮企业孵化品牌，是如何成功打造自己的外卖版图的呢？原因大致可归结为以下四点。

1. 单品分类

首先要提到的就是u味儿的产品及菜单打造。由于外卖需要时间进行配送的特性，很多以热量增添风味的堂食产品不适合作为外卖产品，而u味儿很早就发现了这个关键点，果断舍弃了很多不适合配送的产品，在堂食菜单的基础上，重新打造了自己的外卖菜单。

针对外卖菜单上产品满足顾客需求的不同侧重，u味儿把所有产品分成了五种不同的类型：引流型、防御型、利润型、差异型和瘦身产品。

图 7–4　u 味儿的招牌菜“招牌 BB 鸭”

（1）引流型产品

引流型产品是吸引顾客进店的主力军，以店铺的招牌产品为主，辅之以卖相突出的特价产品，抓住顾客的眼球。

“招牌 BB 鸭”是 u 味儿精心打造的门店代表产品。单从产品图片展示来看，这类产品已经具备相对较强的吸引力，而且有“招牌”二字作为铺垫，更能凸显产品的优越性，增强顾客尝试的意愿，能够有效提升 u 味儿外卖店铺的进店转化率（如图 7–4 所示）。

（2）防御型产品

防御型产品指的是一些没有鲜明特性，但被顾客广泛需求的家常菜品。此类产品的存在，虽然不能突出店铺的特色，也不能带来高额的利润，但是却可以满足顾客的多样化需求，促进忠实顾客的留存。

顾客在进店点餐的过程中，为了达到满减的额度或者为了满足多人订餐的需求，往往会在招牌产品以外，选择一些类似番茄炒蛋的简单菜品来补充自己的订单。也有很大一部分顾客出于饮食习惯的原因，对此类家常菜品情有独钟。如果没有这些防御型产品，很多这种类型的顾客资源会因此流失（如图 7–5 所示）。

图 7-5　u 味儿的防御型产品示例

（3）利润型产品

顾名思义，利润型产品就是外卖店铺盈利的关键产品，主要包含一些热菜和套餐，能够适应多种消费场景，单价高，利润也相对较高，可以为店铺带来可观的利润（如图 7–6 所示）。

在 u 味儿的十大名菜系列中，即便是价格最低的“招牌红烧肉”，一份也需要 65 元，而一份“葱烧牛筋海参王”的价格甚至达到了 218 元。即便 u 味儿的店铺满减活动力度较大，同时还会经常开展营销活动，但在去除优惠和成本之后，依然能为店铺提供较高的利润。

图 7-6　u 味儿的利润型产品示例

（4）差异型产品

为了在众多提供同类型产品的外卖店铺中脱颖而出，u 味儿专门打造了具有较强店铺特色的差异型产品。比如，开花馒头、怀旧红糖发糕等。既能为顾客提供促进消费的新鲜感，也确保了品牌的独特性（如图 7–7 所示）。

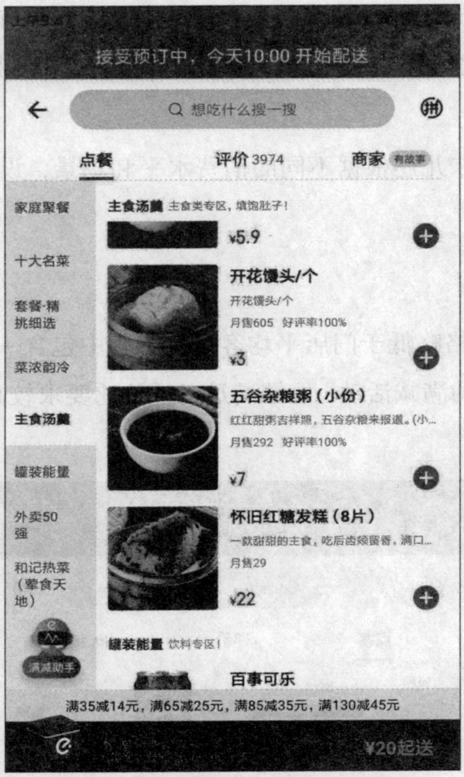

图 7-7　u 味儿的差异型产品示例

（5）瘦身产品

“瘦身产品”指的是在一定时间段内，销量始终不见起色的产品。所谓瘦身，其实就是需要被淘汰的盈利较差的产品。很多店铺都会定期淘汰一些销量不好的产品，但 u 味儿在淘汰“瘦身产品”之前，还会针对此类产品专门设置一些营销活动。根据活动的类型和活动期间产品销售的情况，分析产品滞销的主要问题，用以指导此后的新品开发和推陈出新。

2. 套餐设置

除了各种优质单品以外，u 味儿为了迎合外卖消费的快节奏，在套餐设置上也下了一番功夫。在 u 味儿的套餐产品中，大多设置有二至六种不同的产品，其中肯定包含了两个以上能够快速出餐的产品，目的就是保证套餐制作的效率。

除此之外，u 味儿还根据不同的消费水平和场景，设计了以下三种不同类型的套餐。

（1）优惠套餐

优惠套餐的价格略低于门店平均客单价，其中包含一道或两道菜品和一份主食，搭配店铺的满减活动，能够满足对性价比要求较高的顾客（如图 7–8 所示）。

图 7–8　u 味儿的优惠套餐示例

（2）实惠套餐

实惠套餐的价格基本与门店客单价持平，其中包含一道荤菜、一道素菜以及主食、饮料或汤品。这种套餐主要针对的是追求多样化口味的顾客。

值得一提的是，u 味儿在设置实惠套餐时，还加入了打折优惠的因素。因为已经享受了打折优惠，所以实惠套餐不参与店铺的满减活动。这种方式使得实惠套餐的实际价格甚至稍稍低于未满减前的优惠套餐价格，能够给顾客一种物超所值的感觉，增加购买的概率（如图 7–9 所示）。

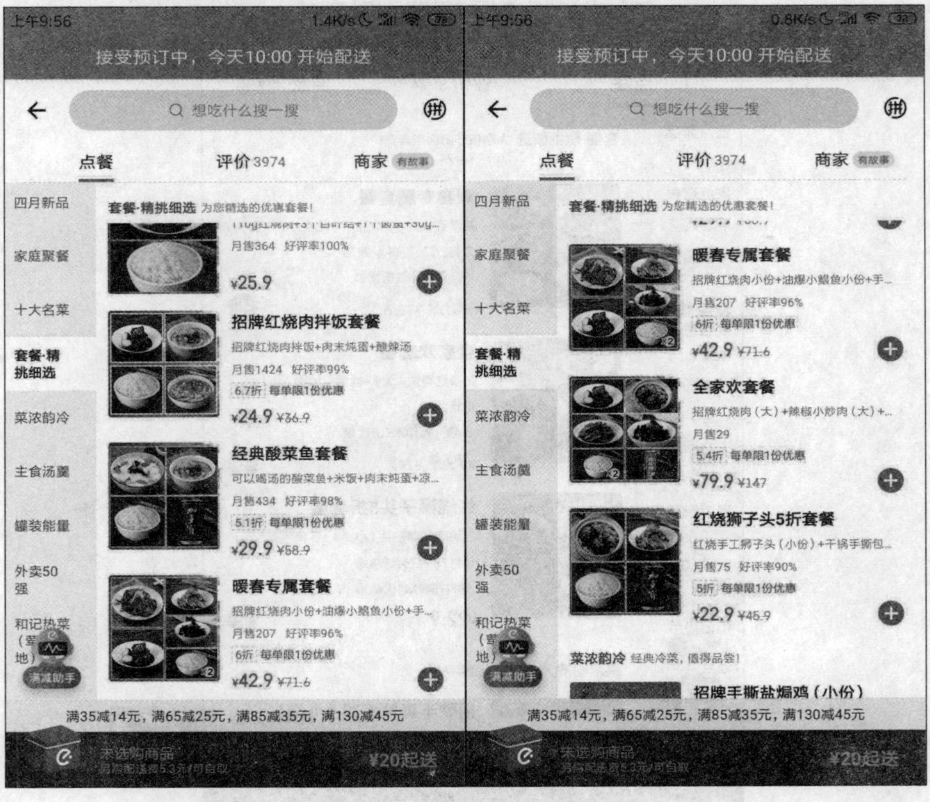

图 7–9　u 味儿的实惠套餐示例

（3）利润套餐

利润套餐的价格高于店铺客单价，包含两道荤菜、两道素菜、两份主食，有些还包含饮品。相比其他两种类型的套餐产品，利润套餐包含的内容更加丰富，让顾客不仅能品尝到店铺的拿手好菜，同时也实现了荤素搭配，对于追求高质量饮食消费体验的顾客而言，无疑是种不错的选择（如图 7-10 所示）。

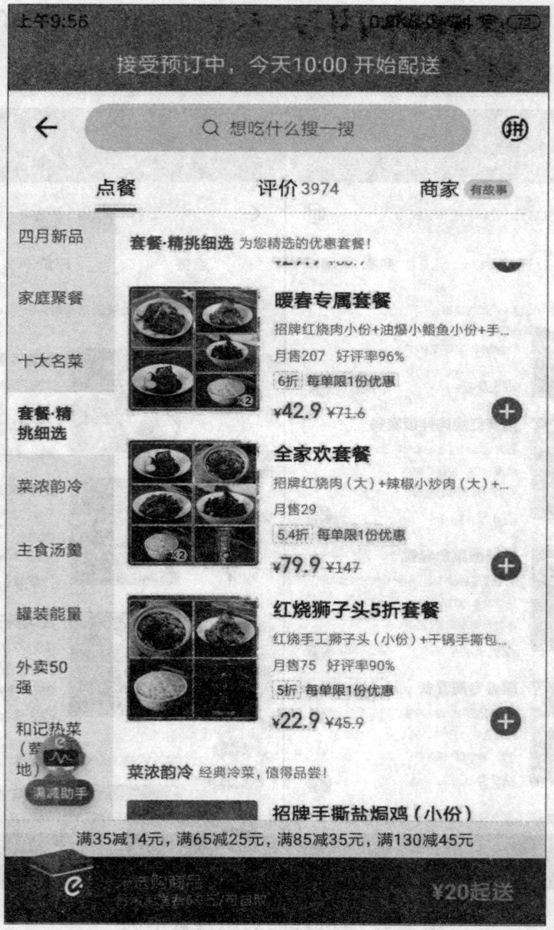

图 7-10　u 味儿的利润套餐示例

3. 营销活动

通过对单品和套餐的设置，u味儿为顾客呈现了一种能够满足多样化需求，既有鲜明特色，又能平价亲民的优质品牌形象。如果，仅凭产品想要达到月售万单的成绩，显然是不可能的，这就需要产品之外的营销手段来帮忙了。

客单价高、订单量低的店铺使用老客红包提升复购；客单价低、订单量高的店铺使用新客红包促进拉新——这就是u味儿精准营销设置的窍门。在设置精准营销活动的同时，u味儿也没有忽略日常的营销活动应用，其中使用最普遍的就是超级会员活动。

u味儿的经营者非常明确自身在产品和价格上的优势，只要有足够的曝光流量，u味儿的每一家外卖店铺都能达到极高的销售水平。而饿了么平台上日常应用的营销活动中，超级会员活动不但能够提升店铺的排名，同时也能获得优质的顾客资源，十分符合u味儿的经营需求。除了超级会员以外，对于平台推出的其他活动，u味儿的店铺也会通过单店试点的方式进行测试，然后根据活动带来的营销效果判断是否推广。这种先试点再推广的营销活动选择方式，能够帮助u味儿更准确地制定有效的经营战略。

4. 基础支持

产品打造和营销活动设置固然重要，但如果没有强有力的基础支持，u味儿也无法达到今天的高度。

从选择在经营中增加外卖业务开始，u味儿就对店铺的后厨空间进行了彻底的改造，将厨房一分为二，建立了外卖事业部，堂食与外卖互不干涉，在保证工作效率的同时，也实现了有限空间的高效利用，提高了店铺的坪效。与此同时，u味儿将店铺工作人员也划分为两个团队，一个服务堂食顾客，另一个专管外卖订单，对于效率的提高也有积极的意义。

u味儿的成功不是偶然，这一点从它的服务态度上也有所展现，在顾客订餐之后，店铺的工作人员会主动电话询问，有无忌口食材、口味的偏好等等；对于店铺的新客，u 味儿会在消费后主动寻求顾客的反馈，从而发现自身的不足；而遇到突发情况可能导致订单延迟的时候，工作人员会及时和顾客联系，告知顾客实际情况，用人文关怀的方式得到顾客的谅解与认同。

餐饮经营不只是制作满足人们饱腹需求的产品，也是一种情感交流的过程，u 味儿在外卖行业的迅猛发展，归根结底在于“用心”。无论是产品、营销还是服务，u 味儿都将“用心”二字贯彻始终。心的付出，换回的不仅是顾客的好评，还有较高的店铺利润，这便是 u 味儿的取胜之道。

六、外卖起家：产品是餐饮的核心竞争力

如果说 u 味儿是传统餐饮品牌转型外卖的成功典范的话，那么曼玲粥店就可以称得上是新式餐饮外卖扩张的学习榜样。五年的时间，从一家小小的门店，发展成为全国 700 家店铺的连锁品牌，曼玲粥店走出了自己独特的发展道路。

1. 开发优质产品

“做最好的粥，给最亲的人”，这是曼玲粥店从建立之初，一直坚持至今的开店宗旨。秉持着这样的理念，曼玲粥店对产品的打造极为重视。为了解决粥类产品在配送过程中容易凝结的问题，曼玲粥店的产品研发团队在前期进行了数十次实验，从原料的规格、比例，到烹饪的时间，甚至连打包盒的细节，都一一考虑在内。经过不懈的努力，曼玲粥店发现了更加适合配送的产品配方和食材处理方式，也找到了在包装盒上开孔的包装方法，有效避免了水蒸气液化影响口感的情况，成功解决了粥类产品的一大难题（如图 7-11 所示）。

图 7-11　曼玲粥店外卖包装的细节打造

2. 保障出餐效率

为了保障产品的品质，曼玲粥店始终坚持自营供应链，每天早上，食材都会准时送到每一家店铺中，由店铺的工作人员进行加工制作。也正是因为自营供应链，让曼玲粥店有了更多的操作空间，食材在早上 5 点钟就会到达门店，工作人员有很长的时间来进行准备工作，对于一些需要多种半成品二次加工的产品，工作人员会提前将食材加工成各种半成品，这样在接到订单后可以更快制作成成品。同时对于一些固定的小菜、小食之类，工作人员也会根据前一天的销售情况，提前打包备好。

为了进一步提高制作效率，曼玲粥店为各种产品制定了标准化的制作流程，以及配套使用的硬件设备。

比如，对于各种配料，曼玲粥店设计了规格不同的勺子，每一次添加都是一勺的量，既节省了制作人员调整配料用量的时间，也实现了流程化的制作，保证了产品质量的稳定。

在人员工作效率上，曼玲粥店也通过人员合理分工，实现了店铺的高效运行。根据店铺的人力资源和订单量，曼玲粥店将工作人员分成不同的具体岗位。

以曼玲粥店的中山西路店为例，该店共有七名工作人员，其中两名负责粥品的制作，两名负责打包，两名负责各种蒸或炸的产品，还有一人根据实际情况随机调动，辅助最繁忙的岗位。

3. 营销活动设计

优质产品的开发，高效出餐的保证，让曼玲粥店具备了成为高销量店铺的底气，而根据店铺和市场具体情况进行的营销活动设计，成为曼玲粥店迅速发展的东风。

（1）1 元新客红包

饿了么平台上店铺拉新的平均成本在 5 元左右，而曼玲粥店的新客红包金额设置仅为 1 元。之所以如此设置，是因为曼玲粥店的经营者认为，粥类本身就不是利润空间较大的产品，优惠的力度需要量力而行。而曼玲粥店通常会设置大额的满减活动，新客红包起到的是一个锦上添花的作用，即便只有 1 元，也能起到引流的作用。

（2）品质联盟红包

而品质联盟活动，作为经过平台数据验证最有效的营销活动之一，曼玲粥店自然也不会错过。加入品质联盟，为曼玲粥店带来了更高的店铺排名和更多的曝光流量，而且，品质联盟的优惠只有在顾客使用红包进行消费后才会产生成本，这个成本还是由店铺和平台共同分担，对于像曼玲粥店这种追求薄利多销的店铺，再合适不过。

（3）较大的满减力度

虽然新客红包和品质联盟红包都能提高顾客进店消费的欲望，但这两种优惠都没有曼玲粥店的满减活动带来的吸引力大。作为一家连锁品牌，曼玲粥店的满减设置基本一致（但不排除某些地区由于市场消费水平原因出现变化的情况），满 25 元减 15 元，满 49 元减 22 元，满 79 元减 27 元，每一梯次都有各自的功能。

第一梯次代表的是极致的性价比，对于一些对价格敏感或者抱着尝试心理进店消费的顾客而言，拥有较大的吸引力。

第二梯次提升的是店铺的客单价，在第一梯次的基础上，推动顾客增加各种点心、小食等利润较高产品的消费。

第三梯次的设置，针对的是习惯于较高消费水平的顾客，目的是吸引大单。

在满减活动的基础上，曼玲粥店还设置了进店红包，进一步提升了各梯次满减活动的力度与效果。

（4）灵活搭配营销活动

在实际经营中，曼玲粥店会根据店铺的实际经营情况，随时调整营销活动的搭配方案。比如，在开店初期，门店会发放大量的新客红包，搭配店铺的满减活动来提高进店转化率。而在店铺平稳发展的阶段，老客红包搭配满减活动，提升店铺复购率是主流的形式。

具备了前面讲到的这些关于产品、出餐效率、营销活动的优势，曼玲粥店成为一家优质外卖店铺的各种素质已经齐备。需要注意的是，曼玲粥店是以一个连锁品牌的整体成功而被人熟知，面对着不同的市场和消费群体，曼玲粥店成功复制的经验是什么？答案在于以下两大方面。

第一，曼玲粥店根据不同的开店需求，建立了三级加盟制度，想要加盟的店铺在加盟之前可以根据自身的经验、资金水平以及所在市场的需求特点确定开店的规模（如表 7-1 所示）。

表 7-1　曼玲粥店加盟机制

店铺类型	创业店	旗舰店	商场店
面积	20 平方米	50 平方米	100 平方米
辐射	一线居多	全国	一线标杆，复制二线
单量	300 至 500 单	300 至 500 单，月营业额 30 万元至 40 万元	500 至 800 单，月营业额 50 万元至 60 万元
形式	外卖	外卖 + 靠边桌	外卖 + 堂食
占比	10 ∶ 0	9 ∶ 1	6 ∶ 4
人力	4 至 5 人	5 至 7 人	10 人
合作要求	小白创业、跨行创业	有餐饮经营基础	熟悉餐饮行业
菜单	统一菜单	统一菜单 + 地方特色	统一菜单 + 地方特色 + 港式小吃
投资成本	20 万元	40 万元	80 万元至 100 万元

第二，曼玲粥店为各个加盟合作商提供了较为完善的免费培训服务，从产品的制作到出餐，曼玲粥店制作了 10 个流程化的标准操作规章，加盟店的员工在经过统一培训之后，即可掌握工作的要点，并在接下来的工作中，逐渐提升熟练水平，和店铺一同成长。

曼玲粥店的成功，在一定程度上说明了外卖店铺也有形成品牌效应、实现品牌扩张的可能。个中关键，应是其精益求精的工作态度和不断满足市场需求的能力。